AF366368

LA

PEINTURE,

POËME.

LA PEINTURE

POËME

EN TROIS CHANTS.

Par M. Le Mierre.

A PARIS.

Chez le … Libraire, rue S.t Jacques au
dessus de celle des Mathurins, au Grand Corneille.

AVERTISSEMENT.

J'AVOIS deſſein de traduire en vers le Poëme de l'Abbé de Marſy ſur la Peinture : les beautés dont il eſt rempli, font regretter qu'elles ne ſoient pas connues de tous les Lecteurs ; mais les meilleures traductions ne ſont gueres que les réverbérations des Ouvrages originaux. D'ailleurs ayant réfléchi ſur les circonſtances où l'Auteur avoit écrit ſon Poëme, j'ai cru m'appercevoir qu'elles l'avoient empêché de lui donner une juſte étendue, & que le ſujet débordoit pour ainſi dire l'ouvrage. Je me ſuis donc déterminé à commencer le mien, ſans renoncer pourtant à profiter de tout ce qui m'avoit frappé dans le Poëte Latin.

J'ai vu les avantages & les difficultés que je pouvois rencontrer dans mon travail, mais ſans les peſer, je me ſuis laiſſé entraîner à ce qu'il avoit d'attrayant ; j'oſerai même dire que je crois avoir ſenti mon ſujet, cette conviction me l'a rendu plus facile & je l'ai ſoutenu.

En effet, il ouvre à l'essor poëtique le champ le plus vaste, il met la nature entiere sous la main du Poëte comme sous celle du Peintre, & tout ce que l'un présente aux yeux, l'autre doit l'offrir à l'imagination.

L'art Poëtique étoit peut-être un sujet moins heureux : en traitant de lui-même, il est pour ainsi dire trop près de lui; semblable à l'œil qui voit les objets & ne se voit pas lui-même, l'esprit humain se fatigue à se considérer, il a besoin d'éloigner les objets sur lesquels il s'exerce, & pour qu'il puisse agir librement sur eux, il faut qu'ils soient à une certaine distance. Aussi Despréaux qui a mis dans ses vers toute la correction que Léonard de Vinci mettoit dans ses tableaux, me paroît-il avoir eu à surmonter plus d'obstacles dans le choix de son sujet, & on admirera toujours qu'il ait su couvrir de tant de beautés & d'images l'aridité des détails.

La Peinture offroit plus d'avantages au Poëte; s'il doit faire briller les images, quelque matiere qu'il traite, & lorsque le sujet s'y refuse le plus, pourroit-il les abandonner quand elles s'offrent d'elles-mêmes; pourroit-il ne pas appliquer la Poësie à la Peinture, & ne pas montrer à chaque pas l'analogie des deux Arts ?

La Peinture repréſente à tout moment l'Art Poëtique ſans le répéter, le Poëte obligé de retracer les images qu'elle amene naturellement, crée ce qu'il imite, s'approprie ce qu'il emprunte, fait valoir ſon Art & en montre un autre.

Je n'ai point marqué de diviſion : on verra aiſément que je parle du Deſſin dans le premier Chant, & quelquefois de l'ordonnance qu'on peut appeller le Deſſin moral. Le ſecond Chant traite du Coloris, & je parle dans le dernier, du choix des ſujets, de l'expreſſion, de l'invention, du pouvoir de la Peinture ; mais comme dans les différentes parties de l'Art, il en eſt qui rentrent néceſſairement les unes dans les autres, je n'ai fait qu'indiquer la diviſion de l'ouvrage, pour éviter le reproche qu'on m'eût pû faire d'avoir confondu les matieres ſous une dénomination excluſive à la tête de chaque Chant.

Ceux qui ont traité ce ſujet avant moi ont eu des avantages qui m'ont manqué. Dufreſnoy qui nous a laiſſé un Poëme Latin ſur la Peinture, étoit lui-même un Peintre habile ; il n'écrivit qu'après avoir fait des tableaux, & ſes vers furent le réſultat de ſes connoiſſances pratiques.

L'Abbé de Marſy, deſcendant du fameux Sculpteur

qui a fait à Verſailles les bains de Latone, avoit dû puiſer dans les lumieres de ſa famille les notions qu'il a répandues dans ſon Ouvrage.

M. Watelet diſtingué par ſes talens en divers genres & par ſon goût pour les Arts, avoit pris le crayon & manié le burin avant de donner ſon Poëme de l'Art de Peindre; il a été le premier qui ait entrepris de chanter dans notre Langue un Art dont les deux autres Ecrivains avoient enveloppé les préceptes dans une Langue étrangere & preſque abandonnée.

D'après ces exemples je pouvois être intimidé, je pouvois penſer qu'on ne devoit gueres hazarder un Ouvrage ſur la Peinture, ſans l'exercice ou une grande théorie de l'Art. Mais dans les Arts d'imitation & dont on juge par le ſentiment autant que par l'étude, celui qui ignore les regles peut prononcer comme celui qui les poſſede. Hé! le Public a-t-il donc les connoiſſances des Artiſtes? N'eſt-ce pas cependant de ſon ſuffrage qu'ils ſont jaloux? Ne le préferent-ils pas à celui de leurs rivaux même? Dans les Sciences exaƈtes il y a une *ſérie* qu'il faut ſuivre: celui qui n'eſt encore qu'aux premieres propoſitions de la Géométrie, telles que le carré de l'hypothenuſe, eſt bien loin d'entendre les courbes tranfcendantes ; mais l'on peut dire que les points fondamentaux des Arts font in- nés, ce ne font que les détails qu'on apprend. Ainfi quoi- que je n'aye jamais touché ni pinceau, ni crayon, fe- couru feulement de quelques lectures & de quelques converfations avec les Artiftes, fecondé fur-tout par mes propres fenfations à la vue des chefs-d'œuvres de l'Art, j'ai ofé entreprendre mon Ouvrage.

Mais quand la Science m'a abandonné, j'ai appellé mon Art à mon fecours, j'ai tâché de fubftituer les beautés Poëtiques, j'ai imité ces Peintres peu verfés dans l'Anatomie, qui ne fachant comment montrer le mécha- nifme des mufcles & la foupleffe des contours fur les membres des figures, pour déguifer le défaut de ces em- manchemens, les couvrent d'une riche draperie.

J'ai écrit pour le Public autant que pour les Peintres; un Poëme doit être à l'ufage de tous les Lecteurs, & il en eft de ce genre d'ouvrages, comme de ces figures pit- torefques plus habilement combinées fuivant les loix de l'optique, & qui fe préfentent toujours en face de quel- que côté que le Spectateur foit placé. Dans un fujet où le goût & le fentiment décident, ce n'eft point aux Artiftes feulement qu'on doit parler. Les lumieres fur la partie technique ne font point néceffaires pour être frappé des beautés ; des yeux & une ame fenfible, voilà ce qu'il faut pour juger d'un tableau.

J'ai voulu fur-tout exciter l'enthoufiafme de l'Art, & dans cette idée, ce qui me manquoit de connoiffances m'a peut-être fervi. Affigner trop de regles, c'eft embarraffer la marche du génie, c'eft enclore de murs un champ qui doit être à plus d'une expofition pour fructifier. Si Daubignac eût été Peintre, il eût fûrement compofé un mauvais tableau felon toutes les regles de Léonard de Vinci ; fi Rubens eût fait des Tragédies, il eût eu avec le génie les inégalités de Corneille. L'enthoufiafme eft fi rare en tout genre, tant d'Ouvriers & fi peu d'Artiftes ! On ordonne avec fageffe, on connoît l'harmonie, l'élégance ; mais où voit-on de l'énergie, de l'élan ? Le goût fi défirable à tant d'égards, fert fouvent à éteindre l'invention. De-là ces compofitions exactes, mais froides & monotones ; quelques fautes & du génie, c'eft à quoi je reconnois le grand Artifte.

J'ai vu au-delà même de la Peinture, j'ai voulu enflammer les efprits non-feulement dans cet Art, mais dans les autres Arts d'imitation ; ils ont tous leurs principes dans le fentiment, ils ne forment par-là qu'un feul Art, ils étoient tous de mon fujet.

Mon Ouvrage ne fera ni des Deffinateurs, ni des Coloriftes ; mais s'il peut échauffer des Peintres, fi j'ai jetté dans mes vers quelques étincelles du feu que je veux allumer, mon objet eft rempli, & le prix de mon travail fera dans le fuccès des talens que j'aurai encouragés.

Je n'ai loué aucun des Peintres vivans. Le Lecteur les ajoutera lui-même aux hommes célebres que j'ai nommés : les différens genres où ils ont excellé rappelleront aifément les noms de ceux qui s'y diftinguent aujourd'hui. Cet hommage implicite rendu à nos Artiftes vivans, m'acquitte affez envers eux ; un éloge direct n'eut fait qu'animer l'envie fans les honorer davantage, d'ailleurs la réputation des grands hommes eft dans leurs travaux & non dans leurs éloges ; autrement tant de vils mercenaires qui ont trafiqué de la louange & du blâme, auroient été les Juges du mérite & les arbitres de la gloire.

Dessine en ton cerveau, c'est la première toile.

LA PEINTURE,

POËME.

CHANT PREMIER.

JE chante l'Art heureux dont le puissant génie
Redonne à l'Univers une nouvelle vie,
Qui par l'accord savant des couleurs & des traits,
Imite & fait saillir les formes des objets,
Et prêtant à l'image une vive imposture,
Laisse hésiter nos yeux entre elle & la nature.

Toi qui près d'une lampe & dans un jour obscur,
Vis les traits d'un amant vaciller sur le mur,

Palpitas & courus à cette image fombre,

Et de tes doigts légers traçant les bords de l'ombre,

Fixas avec tranfports fous ton œil captivé

L'objet que dans ton cœur l'amour avoit gravé,

C'eft toi dont l'inventive & fidelle tendreffe

Fit éclore autrefois le Deffin dans la Grece.

Du fein de ces déferts, lieux jadis renommés,

Où parmi les débris des palais confumés,

Sur les tronçons épars des colonnes rompues,

Les traces de ton nom font encore apperçues,

Leve-toi, Dibutade, anime mes accens,

Embellis les leçons éparfes dans mes chants,

Mets dans mes vers ce feu qui fous ta main divine

Fut d'un art enchanteur la premiere origine.

Heureux pere! tu vis ce prodige nouveau,

Le crayon de ta fille alors fut un flambeau;

Artifte en un moment, à fa clarté propice,

Tu découpes la pierre autour de cette efquiffe,

Et déja du cifeau l'induftrieux fecours

Donne un corps à l'image en bombant les contours.

D'abord à la Peinture on ne pouvoit atteindre,

Tout parut plus facile à modeler qu'à peindre;

On arrondit la pierre, on façonna le bois,

Pour figurer un corps, d'un autre l'on fit choix.

Eh! regardez l'enfant, voyez comme il imite,

Rarement à tracer la nature l'invite:

Connut-il le crayon, ſes effets ſont trop lents,

Trop de fois il rompra ſous ſes doigts pétulans.

Mais il taille le liege, il ſait pétrir la cire,

Il découpe le bois, il forme, il veut conſtruire;

Ainſi par le ciſeau l'Artiſte commença,

Un Art guida vers l'autre & bientôt l'on traça,

La Peinture naquit. Toi qui ſéduit par elle,

Veux tenir de ſa main une palme immortelle,

Ne ſuis point au hazard ce dangéreux attrait,

Que ce ſoit un inſtinct, & non pas un projet:

Si de l'aſtre fécond qui luit ſur le Poëte

Les rayons divergens ſemblent fuir ta palette,

S'ils n'ont d'un trait de flamme échauffé ton berceau,

Tes travaux feroient vains : laiffe-là le pinceau.

Mais toi chéri du ciel, dont l'enfance infpirée

De la gloire a fenti la foif prématurée,

Toi qui né pour les Arts décélas cette ardeur,

Comme Hercule fa force, Achille fa valeur ;

Regarde les talens, vois comme le Génie

Prête à des fucs groffiers la chaleur & la vie ;

Il veut & tout s'anime, il touche & dans l'inftant

L'eau coule, un mont s'éleve, une plaine s'étend,

Le jour luit, le ciel roule, enfin l'homme refpire.

Fier de ta deftinée & plein d'un beau délire,

Ecoute, jeune Eleve, il eft plus d'un pinceau ;

Vois quel eft ton génie & marche à ce flambeau ;

Les dons font partagés : la nature bizarre,

Jufques dans fes faveurs paroît encore avare,

Et lorfqu'elle fourit de fes yeux complaifans ,

Ne panche qu'à demi l'urne de fes préfens.

L'un né pour moiffonner dans le champ de l'Hiftoire,

Nous peindra les héros courans à la victoire,
Le front des combattans, leur choc impétueux,
Les courfiers écumans, la poufliere, les feux,
Le vol du plomb rapide & plus prompt que la fleche,
Les remparts foudroyés, le vainqueur fur la breche.

Un autre eft attiré par de plus doux fujets,
Il aime à nous tracer de paifibles objets;
Il peint les bois, les prés, les ruiffeaux, les campagnes,
Et les troupeaux errans au penchant des montagnes;
Sylvandre ingénument par Annette agacé,
Et la jeune Laitiere en jupon retrouffé,
Rapportant fon pot vuide, un bras paffé dans l'anfe,
Et de la ville aux champs retournant en cadence.

Un fidele crayon m'attachant de plus près,
Sous mes yeux étonnés a reproduit mes traits;
Il femble, partageant la divine puiffance,
Multiplier mon être avec ma reffemblance;
La toile eft un miroir où l'objet préfenté

Même loin du modele est encor répeté.

Doux charme des amis, malgré le fort barbare,

Le pinceau fait tomber le mur qui les fépare;

De la mort elle-même il affoiblit les coups;

Et lorfqu'elle a rompu nos liens les plus doux,

L'objet qui dans la tombe emporta notre hommage,

Refte encor près de nous & vit dans fon image.

Sous le comble d'un temple, aux voûtes d'un palais,

Celui-ci fufpendu les parcourt à grands traits;

Peint l'himen de Thétis, les champs de l'Elifée,

Les brigands abattus fous le bras de Théfée;

Hercule à qui la Grece a dreffé tant d'autels,

Monte de fon bucher au rang des Immortels;

Le dôme a difparu, c'eft la célefte voûte.

Le Peintre en fon effor franchit la même route,

Perce avec le Héros les efpaces des cieux,

Et dans tout leur éclat il contemple les Dieux.

L'autre dans ces jardins peint d'agréables rives,

Donne aux objets trompeurs des formes fugitives;

Sur l'immenfe horifon que je touche des mains,

Mon regard fe fatigue en ces vaftes lointains ;

Je parcours des palais la fuperbe étendue :

Cette furface eft plane & recule à ma vue :

Tandis qu'à points légers, par des traits délicats,

Le pinceau d'une main, de l'autre le compas,

Celui-là forme un mont avec un grain de fable,

Ce nain eft un atlas & ce fil eft un cable ;

Le monde entier fe meut dans le tour d'un anneau.

Là le Peintre joyeux, égayant fon tableau,

De fes crayons badins, dans fes peintures vives,

Fait mouvoir plaifamment fes figures naïves.

Dans ce ruftique enclos que de peuple danfant !

On va, l'on vient, l'on court, on fe heurte en paffant,

On joue, on chante, on rit, on boit fous la verdure ;

Nife danfe avec Blaife, Alain prend fa future,

Et le Menétrier debout fur un tonneau,

Sous fon archet aigu fait détonner Rameau.

As-tu connu ton genre ? As-tu percé ce voile ?

Dessine en ton cerveau, c'est la premiere toile.

Solitaire & rêveur au sein de tes réduits,

Au silence des bois, dans le calme des nuits,

Quelquefois en des tems, en des lieux moins tranquilles;

Et sachant être seul dans le fracas des villes,

Dispose le sujet secrettement formé,

Comme une autre Minerve il doit sortir armé.

Le sujet médité, prends le crayon, esquisse,

Par espaces réglés que la toile blanchisse.

Tu vois que les objets élevés sous la main

S'applatissent à l'œil par le moindre lointain;

Imite de ces corps les formes raccourcies,

Vois combien la distance altere ces parties :

Que le champ du tableau soit clair & bien choisi,

Dès le premier coup d'œil que le plan soit saisi.

Ne nous présente point dans tes folles peintures

Ce désordre jetté par l'amas des figures,

Ces corps s'entrechoquans, ces grouppes mal conçus,

Montrant une mêlée au milieu des tissus;

Mais

Mais que dans le tableau la figure premiere
Frappe d'abord les yeux par fa vive lumiere ;
Sur leurs bafes entr'eux que les corps balancés
Se répondent des points où tu les as placés ;
En reculant l'objet, fais décroître l'image,
Marque bien le concours de chaque perfonnage ;
Que le refte au hafard feulement apperçu,
Soit comme abandonné dans un coin du tiffu.

Au temple d'Efculape une école eft placée,
Au milieu de l'enceinte une table dreffée
Etale un corps fans vie & fouftrait au tombeau ;
Ferrein obferve auprès, la Mort tient le flambeau.
Le fcalpel à la main, l'œil fur chaque vertebre,
L'Obfervateur pénetre avec la clé funebre
Les recoins de ce corps, trifte refte de nous,
Objet défiguré dont l'être s'eft diffous,
Pur chef-d'œuvre des cieux, quand l'ame l'illumine,
Vil néant, quand ce feu rejoint fon origine.
Tu frémis, jeune Artifte, ah ! furmonte l'horreur

Que porte dans tes sens cet objet de terreur,

Et si ce n'est point là que l'homme entier s'enferme,

Si ton espoir s'étend au-delà de ce terme,

Viens, reconnois encor jusques dans ces débris,

Tout ce qu'au sort humain tu dois mettre de prix ;

Ces tubes, ces leviers, organes de la vie,

Ce corps où la nature épuisa son génie,

Par elle fut construit dans un ordre si beau,

Que même quand la mort l'a marqué de son sceau,

Tant qu'il n'est pas détruit dans son dernier atome,

Il sert aux Arts de base & de modele à l'homme.

Il éclaire ton art, porte un œil aguerri

Sur ces canaux glacés où le sang s'est tari,

Démonte ces ressorts de l'humaine structure,

Examine des os la mobile jointure,

Les nerfs & leur dédale, & d'un regard savant,

Alors dans l'homme éteint, cherche l'homme vivant.

Ce n'est qu'en pénétrant dans le sein de l'ouvrage,

Que tu peux des dehors nous présenter l'image ;

Marquer les passions & peindre avec chaleur

Le courroux enflammé, la force & la douleur.

Diftingue dans le jeu des mufcles & des fibres,

Les mouvemens contraints d'avec ceux qui font libres:

Nous repréfentes-tu deux Athletes nerveux,

Aux prifes dans l'arene & partageant les vœux?

Que leur œil teint de fang fous leur vive prunelle,

Rouge & demi caché de fureur étincelle;

Fais fortir fur le corps de ces cruels rivaux,

Tous leurs nerfs déployés comme autant de rameaux.

Milon entrouve un chêne auffi vieux que la terre,

Mais l'arbre tout-à-coup fe rejoint & l'enferre;

Un lion qui fe dreffe & s'attache à fon flanc,

De l'Athlete entravé boit à loifir le fang.

Sur le marbre animé le Puget défigure

Tout le corps du lutteur fous les maux qu'il endure;

Ses cheveux font dreffés, fes membres font roidis,

Vous reculez d'effroi, vous entendez fes cris.

J'aime dans la figure, à trouver les parties

Sous leur jufte mefure à l'enfemble afforties;

B ij

Par Lyfippe imité, la maffue à la main,

Alcide triomphant, de loin paroît un nain :

Approche, tu verras dans le bras du Pygmée,

Le bras qui terraffa le monftre du Némée.

La figure toujours exige ces rapports ;

Artifte, étends les bras, c'eft la hauteur du corps ;

Que l'exacte longueur de la tête imitée,

Par le refte du corps huit fois foit répétée ;

Ne change de compas que lorfque ton pinceau

Nous préfentera l'homme encor près du berceau.

Nul concert dans l'enfant du corps avec la tête,

Et l'édifice alors commence par le faîte ;

La tête a plus d'ampleur, devant porter au loin

Ces efprits répandus dont tout l'homme a befoin ;

Mais quand l'être eft formé, lorfque tout progrès ceffe,

De la tête & du corps que le concert paroiffe ;

Offre le mouvement & le contour aifés,

Des membres, fans combat, l'un à l'autre oppofés.

Veux-tu les revêtir ? peu de plis mais faciles,

Qu'on diftingue le nu fous ces formes dociles ;

Que de ces pans légers l'adreffe du pinceau

Faffe des vêtemens & non pas un fardeau,

Et qu'à l'œil abufé leur foupleffe élégante

Soit la flamme qui vole, ou l'onde qui ferpente.

Sculpture, c'eft encor à ton cifeau divin

Que la Peinture a dû les progrès du deffin ;

Autrefois la ftatue immobile, roidie,

De la main du Sculpteur fortoit toujours fans vie,

L'œil fermé, les pieds joints, les bras collés aux flancs.

Tels le Nil vit fes Dieux prefque dans tous les tems ;

L'induftrieux Dedale, honneur de la Sculpture,

Des liens du maillot dégagea la figure,

Fit jouer fes refforts, lui rendit l'action,

Et fut pour l'animer le vrai Pygmalion.

Mais malgré cet effor la figure vulgaire,

Sans accord & fans grace, étoit fans caractere ;

Le beau, dans tout fon jour, n'étoit point préfenté,

Il fallut ajouter à l'objet imité ;

On vit que le vrai beau diſperſe ſes parties,

Jamais ſur un ſeul être à la fois réunies,

L'Artiſte jetta l'œil éclairé par le goût,

Sur ces traits diviſés, pour en former un tout ;

Et ſa main dans ce choix heureuſement guidée

Montra l'homme parfait qui n'étoit qu'en idée.

Spectacle raviſſant dans la Grece étalé !

Sous ce vaſte portique Apelle a raſſemblé

Cet eſſain de beautés, doux & brillans modeles,

L'Amour vole incertain où repoſer ſes ailes :

Mon œil croit voir en cercle, Helene, Flore, Hébé,

Thétis, Pſyché, Diane & Vénus & Thisbé.

Déeſſes, pardonnez, je vous mêle aux mortelles,

C'eſt être égale à vous que d'être au rang des belles ;

Sur les divers appas de ces jeunes objets,

Le Peintre laiſſe errer ſes regards ſatisfaits ;

Il préfere ce bras, c'eſt ce pied qui l'attire,

Cet œil l'a plus ſéduit, il choiſit ce ſourire ;

De lys plus éclatans ce cou paroît ſemé,

Ce front eſt plus uni, ce buſte eſt mieux formé;

Plus beau dans ſes contours, ce ſein qu'il idolâtre,

S'éleve & ſe ſépare en deux globes d'albâtre;

En raſſemblant ces traits Apelle tranſporté

N'a peint aucune belle, il a peint la beauté.

Cependant loin d'atteindre à la parfaite image

Des graces dont Apelle inventa l'aſſemblage,

Peu même ont ſu choiſir des crayons aſſez vrais

Pour tracer la nature en de moindres portraits.

Tel dont la touche eſt ſûre & n'a rien de vulgaire,

N'a jamais détaché de ſtature légere,

Rien d'élégant; toujours ſur la tête & les bras

Son pinceau trop peſant épaiſſit les appas;

Vénus même de Mars empruntant la ſtature,

Marcheroit aux combats ſans plier ſous l'armure.

Rubens de qui la main colore avec éclat,

Porte ſur le deſſin les traits de ſon climat;

Angloiſe, Italienne, Eſpagnole, Allemande,

Par-tout à ſes regards la nature eſt Flamande,

Que de jeunes profcrits ! quel orage foudain

Vient ravager ces fleurs aux rives du Jourdain !

Vos fils fur votre fein, trop malheureufes meres

Vous courez, vous fuyez loin des mains fanguinaires,

Mais l'affreux fatellite eft par-tout fur vos pas,

Il pourfuit vos enfans, il les perce en vos bras,

Le lait, le fang jaillit & vos larmes ruiffelent,

Des Juives, des bourreaux les fureurs étincellent;

L'une par les cheveux a faifi le foldat,

Sous la lance homicide une autre fe débat,

La nature triomphe en fon défaftre même:

Rubens dans ce tableau déploye un art fuprême;

Mais fon pinceau brûlant dans ces momens cruels,

Fait fortir trop de nerfs fur les bras maternels,

Et montrant au milieu de ces luttes fatales

Des deux fexes aux mains les forces prefqu'égales,

Il ravit à notre œil moins ému qu'effrayé,

Tout ce que la foibleffe infpire de pitié.

Le Brun fait adoucir la ftature des meres,

Dans leurs traits de leur fexe il met les caraêteres,

Et

Et marquant leurs efforts, mais débiles & vains,
Peint la même défense en de plus foibles mains.

Quel mouvement heureux conforme à la nature
Le Pouffin par le trait jette fur la figure,
Soit qu'il montre l'Hébreu nourri dans les déferts
D'un aliment nouveau tombé du haut des airs :
Ou fous un ciel chargé de vapeurs homicides
Le Philiftin l'œil cave & les levres arides ;
Les morts & les mourans fur la terre étendus,
Et leurs triftes amis autour d'eux éperdus !

Quoi que vous nous traciez, jeunes rivaux d'Apelle,
Obfervez la nature & n'interrogez qu'elle,
Marchez dans ce fentier toujours trop peu battu :
Zénon fur une ligne avoit mis la vertu,
En deça, hors de-là, tout lui paroiffoit vice,
La nature eft de même : ô Peintre encor novice !
Apprends à la faifir fans jamais la forcer,
C'eft refter au-deffous que de la furpaffer.

C

Des peuples différens consulte les usages,

Et le costume empreint jusques sur les visages;

Prends soin de feuilleter les registres des tems,

Fouille au sein dévasté des plus vieux monumens,

Consulte ces métaux d'une forme arrondie,

Multipliant les traits qu'un autre art leur confie,

Descends enfin, descends jusqu'en ces souterrains,

Des richesses des Arts les dépôts clandestins,

Aux voûtes d'Héraclée, aux débris de Palmyre,

Par-tout où l'on s'instruit, par-tout où l'on admire.

O tems! ô coups du fort! la Peinture autrefois,

La Sculpture avec elle habitoit près des Rois:

Des Romains toutes deux furent long-tems l'idole;

L'une de tous les Dieux peuplant le Capitole,

Fit ployer le genou des crédules humains

Devant le Jupiter qu'avoient taillé ses mains;

L'autre orna ces palais & ces bains qu'on renomme,

Des portraits de César, le premier Dieu dans Rome:

Toutes deux triomphoient, mais lorsqu'en d'autres tems

Rome eût tendu ſes mains aux chaînes des tyrans,

Quand le luxe en ſes murs eût creuſé tant d'abîmes,

Elle perdit les Arts pour expier ſes crimes;

Le Tibre préſageant ſon déplorable ſort

Vit l'orage de loin ſe former vers le nord;

La Peinture & ſa Sœur dans cette nuit fatale

Pleurerent leurs tréſors foulés par le Vandale,

Tout fuit, tout diſparut; l'une de ſes tableaux

Au travers de la flamme emporta les lambeaux;

L'autre ſous les remparts enfouit les ſtatues,

Les vaſes mutilés, les colonnes rompues:

Ces reſtes précieux au pillage arrachés

Sous la terre long-tems demeurerent cachés,

Michel Ange courut, il perça ce lieu ſombre,

De la ſavante Rome il interrogea l'ombre,

Au flambeau de l'Antique à demi conſumé

Il alluma ce feu dont il fut animé;

De la perte des Arts ſon pinceau nous conſole,

Et ſur leur tombeau même il fonda leur école.

FIN DU PREMIER CHANT.

Le Ciel est ton école et le Soleil ton maître

LA
PEINTURE.

CHANT SECOND.

Globe resplendissant, océan de lumiere,
De vie & de chaleur source immense & premiere,
Qui lances tes rayons par les plaines des airs,
De la hauteur des cieux aux profondeurs des mers,
Et seul fais circuler cette matiere pure,
Cette séve de feu qui nourrit la nature,
Soleil, par ta chaleur l'Univers fécondé
Devant toi s'embellit de lumiere inondé ;
Le mouvement renaît, les distances, l'espace ;
Tu te leves, tout luit ; tu nous fuis, tout s'efface ;
Le Poëte sans toi fait entendre ses vers,

Sans toi la voix d'Orphée a modulé des airs ,

Le Peintre ne peut rien qu'aux rayons de ta sphere,

Pere de la couleur, auteur de la lumiere ,

Sans les jets éclatans de tes feux répandus

L'Artifte , le tableau , l'Art lui-même n'eft plus.

La Peinture en naiffant encor foible & rampante

N'offrit que deux couleurs fur la toile indigente ;

La pierre qui blanchit aux entrailles des monts ,

Le bois noirci des feux couverts fous des gazons ,

Tels furent les pinceaux & les couleurs ftériles ,

Que l'inftinct mit d'abord en des mains inhabiles ,

Et dont l'Art ne formoit que des traits indécis

Avant les jours brillans d'Appelle & de Zeuxis.

Bien-tôt l'œil ennemi de la monotonie

Dédaigna ces tableaux fans éclat & fans vie ,

Où loin de la nature en voulant l'imiter ,

Le Peintre la traçoit fans la repréfenter ,

Et montrant les objets feulement fous deux teintes ,

Sembloit de fes beautés ignorer les empreintes.

Par-tout d'un pole à l'autre & de la terre aux cieux,

L'univers coloré refplendit à nos yeux.

Quand l'oifeau de fon chant vient faluer l'aurore,

De quel pur orangé l'orient fe décore !

De quels feux le foleil peint les airs en marchant !

Quels flots de pourpre & d'or il roule à fon couchant !

Sous quel afpect fuperbe il femble reproduire

L'affemblage groffier des vapeurs qu'il attire !

Aftre inégal des nuits, quelle douce clarté

S'échappe par les airs de ton difque argenté !

Même lorfque la nuit en déployant fes voiles,

Fait dans un fombre azur fcintiller les étoiles,

Que fur ce fonds obfcur l'œil eft encor charmé

De tous ces points brillans dont le ciel eft femé !

La nature par-tout variant les images,

De diverfes couleurs a marqué fes ouvrages,

La fourure du tigre & l'aile des oifeaux,

Et le flanc émaillé des habitans des eaux ;

Par le brillant amas des divers coquillages

C'eft elle qui des mers embellit les rivages,

Teint l'or, blanchit la perle & rougit le corail,

Nuance au vaste sein de la terre en travail

Le jaspe, le porphire, & d'une main féconde

Seme le diamant aux sables de Golconde ;

Le creux des souterrains veiné par les métaux,

La surface des monts couverts de végétaux,

Ces jardins, ces vergers, comme tout se colore

Sous les pinceaux d'Opis, de Pomone & de Flore !

De quels rians tapis, de quels différens verds

Ces champs sont revêtus, ces vallons sont couverts !

Combien l'or ondoyant de la moisson prochaine

Fait reluire l'épi jaunissant dans la plaine !

Que l'ambre des raisins sous ces pampres touffus

Orne sur ces côteaux les thyrses de Bacchus !

Le Peintre contempla ce tableau magnifique,

Admira la nature, & sa touche énergique :

De la variété déployant les trésors

Elle sembla lui dire, atteins à mes efforts,

Aux veines des métaux, aux membranes des plantes

L'Artiste

L'Artiste alla chercher des couleurs plus brillantes ;

Pour peindre la nature il rechercha ses dons,

Il puisa d'heureux sucs dans le sein des poisons ;

Tyr lui montra la pourpre & l'Indostan fertile

Offrit à détremper un limon plus utile.

Il fallut séparer, il fallut réunir,

Le Peintre à son secours te vit alors venir,

Science souveraine, ô ! Circé bienfaisante

Qui sur l'être animé, le métal & la plante

Regnes depuis Hermés trois sceptres dans la main,

Te soumets la nature & fouilles dans son sein,

Interroges l'insecte, observes le fossile,

Divises par atome & repaîtris l'argile,

Recueilles tant d'esprits, de principes, de sels,

Des corps que tu dissous moteurs universels,

Distilles sur la flamme en filtres salutaires

Le suc de la ciguë & le sang des viperes,

Par un subtil agent réunis les métaux,

Dénatures leur être au creux de tes fourneaux,

Du mélange & du choc des sucs antipathiques

D

Fais fortir quelquefois des tonnerres magiques,

Imites le volcan qui mugit vers Enna,

Quand Typhon s'agitant fous le poids de l'Etna,

Par la cime du mont qui le retient à peine,

Lance au ciel des rochers noircis par fon haleine.

Tes mains favent encor, pour le plaifir des yeux,

Préparer des couleurs l'accord harmonieux ;

Avant que le pinceau les uniffe & les change,

Tu fais leur union & leur premier mêlange ;

Le feu qui détruit tout, ici régénérant,

Retombe en cendre utile & forme en dévorant.

L'argile au fer s'unit, foit pour jetter les ombres,

Soit pour brunir le verd de ces feuillages fombres ;

Pour récréer nos yeux par un ciel épuré,

Le bleu qui le teindra fort du jafpe azuré ;

Du plomb fort la couleur qui doit peindre l'aurore,

Du marbre & de la chaux les lys doivent éclore,

Et l'aigle voit rougir le cinnabre enflammé

Qui peindra le tonnerre en fa ferre allumé.

Artiste, fais broyer les couleurs féparées,

Des atomes fangeux qu’elles foient épurées,

Préfide à ces détails, c’eft l’intérêt de l’Art :

Ne dédaigne aucun foin ; vois ce fameux Manfart,

Pour bâtir ces palais fous les loix de l’équerre,

Le dos courbé lui-même il façonna la pierre ;

L’art feul de la ta iller du tranchant des marteaux

Cimente ces chemins fufpendus fur les eaux ;

Ainfi cette couleur dont la toile eft parée

Doit tout au premier foin qui l’aura préparée.

Connois les fept couleurs, fources des autres tons,

Les paffages divers des divers rejettons ;

Connois leur alliance & leur antipathie,

Par quel mêlange adroit on les réconcilie,

Quel eft l’art des reflets, leur concert & leur jeu ;

L’orangé fur la toile eft-il trop près du bleu ?

Du voifinage entr’eux la difcorde va naître,

Que le verd les fépare & l’accord va paroître.

Ne mets point d’un pinceau follement enhardi

D ij

Le champ de tes tableaux fous les feux du midi.

Quelle couleur peindroit au haut de fa carriere,

Le front éblouiffant du Dieu de la lumiere ?

Et quand l'Aftre brûlant armé de tous fes traits,

Plongeant fur notre tête ôte l'ombre aux objets,

Comment nous les montrer ? C'eft l'ombre qui détache,

Qui fait fuir les côtés, qui préfente & qui cache.

Attends que le foleil s'abaiffant fur les monts

Ait enfin de fon globe émouffé les rayons,

Ou que d'une clarté non moins douce & propice

Aux portes du matin l'hémifphere blanchiffe,

Ou que l'Hyade ouvrant fes réfervoirs cachés,

Ait verfé par les airs fes torrens épanchés;

Ou fous l'ardeur du jour fi tu places l'image,

Entr'elle & le foleil fais paffer un nuage.

N'interromps qu'avec art la lumiere en fon cours;

Surtout que jamais l'œil ne rencontre deux jours;

Epargne le carmin, trop peu d'ombre eft un voile,

L'objet en devient terne & fort peu fur la toile;

Garde aussi que jamais le prodigue pinceau

N’y jette de lumiere un trop vaſte faiſceau :

Que les objets tracés refletent de leurs places

La lumiere reçue à différens eſpaces ;

Meſure l’ombre au corps, moins d’ombre y doit tomber

S’il le faut applatir, & plus pour le bomber ;

Sache affoiblir les jours, ſache éclairer les ombres,

Que ce paſſage heureux des tons clairs aux tons ſombres

Se laiſſe ſur la toile à peine appercevoir :

Tel le jour croît vers l’aube ou décroît vers le ſoir,

Telle alors à nos yeux la mobile athmoſphere

Preſqu’inſenſiblement s’obſcurcit ou s’éclaire.

Tourne ici tes regards, entre dans ce palais

Où ſur ces murs ſavans, par l’accord des reflets,

Rubens de Médicis fait reſplendir les faſtes,

Fait jouer des couleurs les habiles contraſtes,

Ce ſont là tes leçons : des ombres & des jours

Sa main t’enſeignera l’harmonieux concours :

Phénomene immortel, aſtre de la Peinture,

La couleur sous ses doigts s'embellit & s'épure ;

Prévenant les effets du tems qui la diſſout,

Comme il a coloré chaque objet pour le tout !

Porte un œil curieux ſur ces riches images,

De la lumiere à l'ombre admire ces paſſages ;

Ou ſi tu veux encore un guide plus vanté,

Prends celui que Rubens lui-même a conſulté.

Dans ce ſavant accord, Peintre, ou toi qui veux l'être,

Le ciel eſt ton école & le ſoleil ton maître :

Confronte ton ouvrage & ſon cours lumineux,

Selon que chaque zône incline vers ſes feux,

De rayons inégaux il ſeme ſa carriere ;

Ne montre comme lui qu'un centre de lumiere,

Que la vive clarté qui part de ce foyer

Paſſe & ſe communique au tableau tout entier.

Comme une voix brillante & ſon timbre ſonore

Ajoute à l'harmonie & l'embellit encore,

Ainſi du coloris le phoſphore divin

Jette un éclat plus vif ſur les traits du Deſſin ;

Ces raiſins ſont tracés & n'ont rien qui me frappe,
Mais colorez ces grains, je vais cueillir la grappe.

Tu créas le Deſſin, Amour, c'eſt encor toi
Qui vas du coloris nous enſeigner la loi.
O champs de Sicyone ! O rive toujours chere !
Tu vis naître à la fois Dibutade & Glycere.
Glycere de ſa main aſſortiſſant les fleurs
Inſtruiſit Pauſias dans l'accord des couleurs ;
Tandis qu'elle treſſoit ces feſtons, ces guirlandes
Qui ſervoient aux autels de parure & d'offrandes,
Son amant les traçoit d'un pinceau délicat,
Egaloit ſur la toile & fixoit leur éclat :
Le Peintre aima Glycere & l'Art brilla par elle.

O couleur du jeune âge ! O des fleurs la plus belle !
Un ſang pur ſur ce teint répandant la fraîcheur
Par un tendre incarnat releve ſa blancheur ;
A ce rayon divin ſur des formes humaines
Le cœur bat, l'œil ſe trouble, un feu court dans les veines.

Mais quel vase léger & rempli de carmin

Thémire à ce miroir tient ouvert sous sa main !

Elle prend le pinceau, mais la toile !… Ah ! Thémire !

Thémire , arrête donc, Eh ! quel est ton délire ?

J'ajoute à mes appas…. Qu'ajouter à des fleurs ?

De la nature ainsi ternis-tu les couleurs ?

Hélas ! à peine as-tu dans les jeux de ton âge

Vû seize fois encor renaître le feuillage ,

Les usages déja ces tyrans indiscrets ,

Par ce faux vermillon profanent tes attraits :

Imite , imite Eglé : dans cet âge qui vole ,

De l'aimable pudeur conservant le symbole ,

Au lever du soleil, à l'approche du soir ,

La mousse pour toilette , un ruisseau pour miroir ,

Contre un saule panchée , au bord d'une onde pure ,

Du hâle sur son teint elle efface l'injure.

Thémire…. ce carmin désormais innocent ,

Quaux mains de la Peinture il deviendra puissant !

Du tems sur ton visage il eût marqué les traces ;

Etendu sur la toile , il va fixer tes graces.

Célebre

Célebre Titien, par quel charme infpiré
Tu colores les traits de ce fexe adoré!
Quand des cieux defcendue en des réduits champêtres
Vénus cherche Adonis à l'ombre de ces hêtres,
Et laiffant dans le bois les Amours à l'écart,
Du Chaffeur incertain retarde le départ,
Lorfqu'aux bras d'un amant la Déeffe s'enlace,
Comme fon front rougit & s'enflamme avec grace !
Je vois dans fon œil bleu le doux feu du faphir,
Et fon teint pour la rofe eft pris par le zéphir;
Ainfi quand le foleil fe peint dans le nuage,
Le Guebre à deux genoux confond l'aftre & l'image.

Eft-ce toi, Danaé ? Ton pere en fon effroi
Eleve un mur d'airain entre l'Amour & toi :
Ah! fi toujours ce Dieu dans fa maligne joie
Trompa l'homme par l'homme & fut ravir fa proie;
Que fera la prudence & les foins d'un mortel
Contre tout le pouvoir de l'Amour & du ciel ?
Par jets l'or féducteur pleut du célefte ceintre,

E

Mais la ruse du Dieu ne vaut pas l'art du Peintre.

Des rivages de l'Hebre & des sommets d'Hœmus,
Accourez, accourez, Suivantes de Bacchus,
Foulez d'un pied léger les campagnes de Thrace,
De vos pas cadencés dérobez-nous la trace ;
Des cistres éclatans & du bruyant clairon
Le pinceau de l'Artiste a marqué jusqu'au son.

A nous peindre les cieux peu de mains sont habiles :
Signale tes pinceaux dans ces plaines mobiles ;
Tout dépend de cet Art : de reflets en reflets
C'est le ciel qui commande au reste des objets.
Avant que d'y porter une main téméraire,
Parcours long-tems des yeux les champs de l'athmosphere,
Conforme la couleur à ce fonds transparent ;
Sur ce vague subtil, sur ce fluide errant
Qui partout environne & balance la terre,
Ne laisse du pinceau qu'une trace légere ;
Fais plus sentir que voir l'impalpable élément,

Si tu fais peindre l'air, tu peins le mouvement.

Un Ange defcend-t-il des voûtes éternelles?
Si je le reconnois ce n'eft point à fes ailes;
Qu'infenfible en fon vol fa molle agilité
Revêtiffe les airs & leur fluidité,
Qu'il reffemble au milieu de la célefte plaine
Au nuage argenté que le zéphir promene.
Loin ces Anges pefans qui dans un air épais
Semblent au haut du ciel nager fur des marais,
Quideleursmembreslourdsfurchargentl'airqu'ilsfendent,
Et qui tombent des cieux plutôt qu'ils n'en defcendent.

Sous le figne brûlant de la jeune Procris,
Promenant ma penfée en des vallons fleuris,
De la voûte du ciel la fcene inattendue
Vers le déclin du jour frappa foudain ma vue;
Dans les flancs du midi l'orage étoit formé,
Par les feux du foleil le couchant enflammé;
Le nuage avançoit, l'aftre qui nous éclaire

E ij

Lui difputoit les cieux par cent jets de lumiere;
Pendant ce long combat de la nuit & du jour,
Vers l'Orient ferein Diane de retour
Faifoit luire fon difque, & fa paifible image
Servoit de demi teinte entre l'aftre & l'orage.

Quelle eft l'ame fans verve & quel eft le pinceau
Que n'enflammera pas l'afpect de ce tableau !
Quelle indolente main pour en fixer la trace,
De la voûte changeante attendra qu'il s'efface ?

Le fpectacle des airs & l'étude des cieux
Sans laffer ta penfée ont fatigué tes yeux ;
Baiffe-les vers ces lacs, tu verras la nature
Elle-même fe peindre au cryftal d'une eau pure ;
Ce grand ceintre des airs fur ta tête enrichi
Se renverfe & s'enfonce à tes pieds réfléchi.
Peins les airs dans les eaux, le cours des deux fluides
Et le ciel vacillant fous ces ondes limpides,
Ces fleches de lumiere & leurs jets différens

Brifés contre la rive ou , dans l'eau pénétrans,

Ces deux foleils levés que Neptune offre au monde ,

Un globe à l'horifon & l'autre orbe dans l'onde ;

De la mer en courroux ofe braver l'effort,

Sois le dernier qui tremble, un Dieu veille à ton fort ;

Tandis que l'air , les vents & la mer font aux prifes ,

Vois des flots fufpendus les formes indécifes ;

Recueille en ton efprit malgré l'effroi des fens ,

Ces flots amoncelés ni fixes , ni tombans ;

Obferve fous la vague & fauvé du naufrage ,

Mais plein de la tempête , alors peins du rivage.

Qu'entends-je ? O doux accens ! ô fons harmonieux !

Concert digne en effet de l'oreille des Dieux !

Les lauriers toujours verds dont le Pinde s'ombrage

Agitent de plaifir leur fenfible feuillage ;

Dans quel contrafte heureux font modulés les fons !

Ainfi dans les couleurs fache oppofer les tons :

Cet Art eft difficile & veut plus d'une veille ,

La Mufique eft image & doit peindre à l'oreille ,

Toi fais de la Peinture un concert à nos yeux.

Arts tous deux fi puiffans, quel nœud myftérieux,
Quelle fecrette loi l'un à l'autre vous lie ?
Cette chaîne, ô Neuton ! échappe à ton génie :
Tu dégages les cieux des atômes preffés,
De tous ces tourbillons par Defcarte entaffés :
La lumiere en paffant fans ceffe réfractée
Par des chocs trop fréquens devoit être arrêtée :
Ton immortel compas a tracé les fillons
Par où jufqu'à la terre elle épand fes rayons ;
Mais quel eft ce rapport du fon à la lumiere ?
Dalembert, c'eft à toi d'expliquer ce myftere,
Recule cette borne où s'arrêta Neuton,
Dis en quels points communs la lumiere & le fon
Dirigés l'un vers l'autre en leur courfe rapide
Se meuvent de concert dans le même fluide :
Indique-nous du moins dans quels mondes jaloux
S'entend cette harmonie encor fourde pour nous.

L'induftrieux Caftel de ce jour qu'on ignore

Fit peut-être à nos yeux luire une foible aurore.

Il éleve en buffet l'inftrument argentin

Où l'art ingénieux d'une mobile main

Interroge l'ébene & l'yvoire harmonique;

Au bout de chaque touche un long fil élaftique

Répond à des rubans l'un fur l'autre pliés,

Et felon que la main par des tons variés

Sait diriger les fons que la corde renvoye,

Plus haut chaque tiffu s'entrouvre, fe déploye,

Et du pourpre, du verd, de l'orangé, du bleu

Fait retentir à l'œil le paffage & le jeu.

Mais que l'aftre du jour après un long orage

Dans d'humides vapeurs lance au loin fon image,

Qu'il montre à nos regards fi doucement furpris

Ses rayons divifés fur l'écharpe d'Iris,

Ce grand arc qui des cieux traverfe l'étendue,

Ce prifme fufpendu dont s'embellit la nue,

Où par d'heureux accords cette couleur qui luit

Tient du ton qu'elle quitte & du ton qui la fuit,

Où par l'effet d'un art invifible & fuprême

Cette teinte n'eſt plus & ſemble encor la même,

Où laiſſant voir par-tout d'inſenſibles rapports

Le contraſte des tons ne paroît qu'aux deux bords,

Aux campagnes du ciel oculaire harmonie

Du concert des couleurs te montre le génie.

D'un regard créateur approfondis ces loix,

Que ce ſublime accord renaiſſe ſous tes doigts,

Et pour faire briller une toile immortelle

Voyage en des climats où la nature eſt belle.

Quand les Dieux exilés de la céleſte cour

Deſcendirent jadis au terreſtre ſéjour,

Errans & traveſtis les lieux qu'ils habiterent

D'une couleur plus vive auſſi-tôt s'animerent,

Un air, un ciel plus pur, des beaux jours plus conſtans

Dans ces climats heureux fixerent le printems;

Apollon vit pour lui s'orner la Theſſalie,

Mars les bords du Strymon, & Vénus l'Italie.

Honorés par leurs pas ces magnifiques lieux

Gardent la trace encor du paſſage des Dieux.

Jeune

Jeune homme vois l'aſpeƈt que ton ciel te préſente,

Fuis Paris, Londre & Vienne & leur zône peſante,

Fuis, tes travaux ſans nerf, tes pinceaux ſans éclat

Porteroient au tableau l'œil terne du climat ;

Vole aux champs d'Auſonie, aux rochers Helvétiques,

Aux bords de la Durance, aux climats Germaniques,

Vois l'aſpeƈt ſi frappant de ces monts empourprés,

Ces pierres, ces terrains fortement colorés :

C'eſt dans le ſein veiné de ces vaſtes retraites,

C'eſt-là que la nature apprêta tes palettes.

FIN DU SECOND CHANT.

C.N. Cochin filius del.   Aug. de S.t Aubin sculp.

Artiste fuis mon vol, au deßus de la nuë.

LA PEINTURE.

CHANT TROISIEME.

LA figure eſt formée & l'homme reſte à naître,
Ravis le feu des cieux, va, cours lui donner l'être;
Dans ce corps languiſſant même ſous la couleur
Fais circuler la vie & répands la chaleur,
Qu'il ſoit frappé par-tout de ce rayon céleſte,
Que le port, le maintien, le viſage, le geſte,
Tout parle; & pour cueillir un immortel laurier
Embraſſe au même inſtant, ſi tu peux, l'Art entier.
Rapproche mes leçons dans un même exercice,
Le moment du génie eſt celui de l'eſquiſſe,
C'eſt-là qu'on voit la verve & la chaleur du plan

F ij

Et du Peintre infpiré le plus fublime élan.

Redoute un long travail : une pénible couche

Amortiroit le feu de la premiere touche ,

Souviens-toi que tu dois fouvent du même jet

Imprimer la couleur & la forme & l'effet.

Si le fils de Japet , Artifte plus habile ,

En formant la ftatue , en pétriffant l'argile

Eût dans le même inftant animé fon deffin ,

Les Dieux qu'il déroba pardonnoient fon larcin.

Mais comment aux couleurs, comment à chaque image

Communiquer la vie & prêter un langage ?

Obferve le mortel qui privé de la voix

S'évertue & s'énonce ou des yeux ou des doigts ,

Avec quelle faillie il remplace & répare

Les refus obftinés de la nature avare !

Sa langue ne peut rompre un importun lien ,

Mais la voix qui lui manque eft dans tout fon maintien.

Eh bien ! fi comme lui la figure eft muette,

Que la Peinture parle & foit fon interprete.

Du sceau qui la distingue empreins la passion,

Peins sous un air pensif l'ardente Ambition,

Donne à l'Effroi l'œil trouble & que son teint pâlisse,

Mets comme un double fonds dans l'œil de l'Artifice,

Que le front de l'Espoir paroisse s'éclaircir,

Fais pétiller l'ardeur dans les yeux du Désir,

Compose le visage & l'air de l'Hypocrite,

Que l'œil de l'Envieux s'enfonce en son orbite,

Eleve le sourcil de l'indomptable Orgueil,

Abaisse les regards de la Tristesse en deuil,

Peins la Colere en feu, la Surprise immobile,

Et la douce Innocence avec un front tranquille.

Joins à l'expression du visage & des traits

Une attitude heureuse & des mouvemens vrais :

Des corps sache avec art déployer l'habitude,

Souvent le personnage est tout dans l'attitude.

Sisygambis tombant aux genoux du vainqueur

A déja d'Alexandre adouci la rigueur :

Scévola sans frémir tient son bras dans la flamme,

C'eſt ſur ce bras tendu que ſort toute ſon ame ;

Le poing ſur ſon épée Achille furieux

Semble porter la main à la foudre des Dieux.

Si ton œil n'a du corps pénétré la ſtructure

Tu n'as pu ni tracer, ni poſer la figure ;

Et de même au dehors tu ne peux déployer

Le feu des paſſions qu'en ſondant leur foyer ;

Deſcends dans ce Veſuve, & vois dans cet abyme

Quelle ſource de feux doit jaillir à la cime.

La paſſion toujours ſelon l'âge & les rangs

Dans des ſignes pareils eut des traits différens ;

Pour nous peindre l'Acteur meſure ſon théâtre,

La douleur d'un Héros n'eſt point celle d'un Pâtre ;

Diſtingue par le ſexe autant que par l'état

Les larmes d'une femme & les pleurs d'un ſoldat.

Le même ſentiment ſelon les caracteres

Se manifeſte encor par des ſignes contraires,

Ce pere en ſa douleur d'un courage aſſuré

Peint les livides traits de ſon fils expiré.

Toi, malheureux Dédale, auteur de ta bleſſure
Deux fois tu veux graver ta fatale aventure,
Deux fois ton cœur ſe ſerre & tu ſens ſur l'airain
De ta main paternelle échapper le burin.

Conſerve aux paſſions toute leur violence,
Fais-les parler encor juſques dans leur ſilence,
Laiſſe-nous entrevoir ces combats ignorés,
Ces mouvemens ſecrets dans l'ame concentrés ;
Antiochus périt du mal qui le conſume,
Tous les ſecours ſont vains, le cœur plein d'amertume
Son pere leve au ciel ſes regards obſcurcis,
Auprès d'Antiochus Eraſiſtrate aſſis
Interrogeant le pouls de ce Prince immobile
Ne ſent battre qu'à peine une artere débile ;
La Reine l'œil humide & d'un front ingénu
Paroît, le pouls s'éleve & le mal eſt connu.

Pour tracer ces tableaux d'un crayon plus fidele
Il faut obſerver l'homme & dans plus d'un modele,

Parcours ce labyrinthe & ses trompeurs chemins
Diversement coupés chez les divers humains;
L'homme differe d'ame autant que de visage,
C'est le même rapport & c'est une autre image,
Tu dessines le corps, mais ton œil sert ta main;
L'ame seule voit l'ame, elle échappe au dessin.

Eh! comment donc la peindre? Il faut sentir toi-même:
Tu ne peux la saisir sans cet instinct suprême.
Sully justifié tombe aux pieds de Henri,
Confus de son erreur le Prince jette un cri,
» Leve toi, l'on croira que ton Roi te pardonne.
Noble & sublime élan que l'héroïsme donne!
Comment nous peindras-tu ce mouvement soudain
Si l'ame de Henri n'a passé dans ton sein,
Si du fonds de ton cœur ce récit plein de charmes
A ton œil humecté n'a fait monter les larmes?
Le cœur vil & pervers sous le vice abattu
Jamais d'un trait profond ne peignit la vertu,
Si des cieux un moment il approche la sphere

Il y porte avec lui les vapeurs de la terre.

Le plus beau droit de l'Art eſt d'orner les autels,

Ces aſyles ouverts aux fragiles mortels,

Où fatigué du choc des paſſions fatales

L'homme vient repoſer du moins par intervales :

Sois ſaiſi de reſpeĉt & dans ces lieux divins

Songe que tu réponds des regards des humains.

Là leur vue attentive & toutes leurs penſées

Sur d'auguſtes tableaux doivent être fixées.

Si j'arrive pourtant dans ces temples de paix,

Que vois-je ſur les murs ? les plus affreux objets,

Les fureurs des tyrans, l'invention des crimes,

Les gênes, les buchers & le ſang des victimes,

Et toujours vingt bourreaux pour un héros chrétien.

Ah ! qu'aujourd'hui le Ciel mon guide & mon ſoutien,

A qui peut-être ici ma voix ſert d'interprete,

A la lyre en mes mains n'a-t-il joint la palette !

J'irois & de ce pas, j'irois dans les lieux ſaints

Effacer ſur les murs le ſang dont ils ſont teints,

G

Ces arênes d'horreur, ces barbares exemples

Faits pour l'œil des Nérons & qu'on voit dans nos temples.

Peintre aveugle, en m'offrant ces féroces tableaux,

Quelle eſt donc la vertu qu'inſpirent tes pinceaux ?

Quand Sparte à la victoire aguerriſſoit les ames,

Lorſque du vrai courage elle y verſoit les flammes,

Etoit-ce en préſentant des champs couverts de morts,

Des ſoldats dont la guerre eût mutilé les corps ?

Ouvroit-on les tombeaux ? on montroit les trophées.

Donne un même éguillon aux ames échauffées,

Enleve ſous nos yeux dans le ſéjour divin

Les héros de la Foi les palmes à la main ;

Ou ſi tu veux montrer quel fut leur ſacrifice,

Peins-les devant leur Juge & non dans le ſupplice ;

Là marque leur conſtance ainſi que leur eſpoir,

Voilà de leur vertu le fidele miroir ;

N'en préſente point d'autre & rends-leur ces hommages,

Sers la Religion ſous de douces images,

Entends, remplis la loi de ſon Auteur divin,

Peins le Juif ſecouru par le Samaritain,

L'humanité toujours au sublime est unie,
Sois sensible, sans l'ame il n'est point de génie.

Quand tu ne peindras pas la vertu sous ses traits,
Peins la nature, elle a d'invincibles attraits,
Son image nous charme, elle n'est jamais vaine,
Et même à la vertu son aspect nous ramene.

Mais si tu veux m'offrir, loin du bruit des cités,
Du spectacle des champs les tranquilles beautés,
Dégage de tout soin ton ame libre & pure
Et mets-la dans ce calme où tu vois la nature;
En vain à l'observer ton œil s'est attaché,
L'œil sera trouble encor si le cœur n'est touché.
Eh! d'où vient que Berghem est au rang de tes maîtres?
D'où vient qu'il a reçu des Déités champêtres
Le feuillage immortel qui verdit sur son front?
Il connut, il peignit ce sentiment profond,
Il l'épancha partout sous ses touches divines,
Il eut pour atelier le sommet des collines;

G ij

Epris de la nature & plein de ſes attraits
C'étoit-là qu'il traçoit de ſes pinceaux ſi vrais
Les mobiles aſpects des nuances céleſtes,
Le repos d'un beau ſoir ſur des ſites agreſtes,
La monture du pâtre & les bélans troupeaux
Par des chemins fleuris regagnant les hameaux,
Et ce ſilence heureux d'un vaſte payſage
Des premiers jours du monde attendriſſante image.

As-tu cette ame forte & cet inſtinct hardi
Par qui tout eſt oſé, tout eſt approfondi?
Va, cherche la nature ou bizarre ou ſauvage,
Joins ſon génie au tien pour ſaiſir ſon ouvrage :
Montre vers le Jura l'accord de deux ſaiſons,
La verdure à tes pieds, la glace au haut des monts,
Le fracas des torrens vomiſſant de ces cimes
Leurs flots retentiſſans tombant dans ces abymes,
Ces rochers ſuſpendus menaçant à la fois
Le ciel de leurs ſommets, la terre de leur poids.

L'œil eſt le vrai dépôt de la mémoire humaine,

Mais il veut des objets, des tableaux qu'il retienne,

La nature animée & les traits importans,

Tout ce qui nous inftruit, voilà ce que j'attends.

Tu peins les animaux, que leur inftinct paraiffe:

Sur fes genoux ployés que le chameau s'abaiffe,

Et prête un dos convexe à d'énormes fardeaux;

Que vers le Labrador & fur le bord des eaux,

Le caftor architecte auffi prudent qu'habile

Cimente cette digue & fe forme un afyle.

J'aime à voir fous leurs traits le courfier valeureux,

Le chien reconnoiffant, l'éléphant généreux;

Que la toile en un mot jamais vuide & déferte

Des faits, des vérités foit une école ouverte:

Sur un objet oifeux quand tu perds tes pinceaux,

Je crois voir Philoctete aux rives de Lemnos

Lancer obfcurément contre une foible proye

Ces fleches dont le fort eft de renverfer Troye.

Ce n'eft pas cependant que d'un front fourcilleux

Je profcrive les traits d'un badinage heureux,

Telle image à la fois eft frivole & piquante ;

Les Grecs ont admiré le tableau de Timante.

Polyphême s'endort, du coloffe étendu

Dans la forêt au loin le corps eft répandu ;

Les Satyres légers s'attroupent en filence

Immobiles autour de fa ftature immenfe,

Quel eft de leurs regards l'étonnement profond !

L'un obferve fon œil ifolé fur fon front,

L'autre le thyrfe en main & d'efpace en efpace

Toife du vieux Pafteur la gigantefque maffe.

Epoufe d'Antimaque au vallon de Tempé,

De ton air raviffant que mon œil eft frappé !

Moitié nymphe aux beaux yeux, moitié courfier fuperbe

Ta croupe s'arrondit nonchalamment fur l'herbe ;

Tes fils preffant ton fein de la levre & des doigts

Sucent avec le lait la rudeffe des bois ;

Le Centaure forti de la forêt voifine

Paroît à demi corps au dos de la colline,

Tient en l'air un lion qu'il perça de ſes dards,

Ses fils l'ont apperçu, quel feu dans leurs regards !

Le Centaure ſourit à leur naiſſante audace,

Dans leur œil qui pétille il reconnoît ſa race.

Je vois avec plaiſir ces traits ingénieux

Où la ſaillie attire & captive les yeux.

Calot même entraîné par ſa verve burleſque

Me plaît par les écarts de ſa touche groteſque,

Lorſqu'il peint de démons Antoine harcelé,

L'Enfer en maſcarade & le Saint déſolé.

Comme on voit de deux jours la rencontre imprudente

Offuſquer les objets que la toile préſente,

Garde que le ſujet qui doit ſeul nous fixer

Dans un autre jamais n'aille s'embarraſſer ;

Qui montre deux ſujets les confond & les cache,

L'unité ! l'unité ! c'eſt ainſi qu'on m'attache,

Sans elle rien ne plaît, ſans elle rien n'eſt beau,

Un ſeul fait au théâtre, un ſeul dans le tableau.

Mais ne vas pas non plus ſur la toile imparfaite

Inquiéter ma vue à demi satisfaite ,
Que du sujet entier le tableau soit rempli.

C'est peu de l'unité s'il est trop embelli,
Si l'amas fastueux d'une fausse richesse
Etouffe imprudemment le fonds qui m'intéresse ;
Loin les ornemens froids , les détails superflus ,
Tout ce qu'on peint de trop pese sur les tissus.

O ! sublime Poussin dans tes mâles ouvrages
Tu n'as point au hazard jetté les personnages ;
Peins-tu les eaux du ciel summergeant l'univers ?
Vers ces tristes sommets déja presque couverts ,
Au peu d'humains épars sur l'abyme de l'onde
Je reconnois d'abord le naufrage du monde.

Dans un moindre naufrage au défaut des grands traits
Horace est indigné que l'on soigne un cyprès ;
Dans ce Peintre insensé c'est souvent toi qu'il nomme :
Songe à l'objet premier, peins les lieux, mais peins l'homme;
L'homme

L'homme eſt l'être ſenſible , & ſon aſpeĉt aimé
Porte un charme ſecret ſur l'être inanimé.

Aux flammes dans la nuit cette ville eſt en proye ,
Que la lueur au loin dans les airs ſe déploye ,
Et que par tourbillons les vents roulent les feux.
Mais peins plus fortement des objets plus affreux ,
Le Citoyen fuyant loin du toît qui s'embraſe ,
Ceux que ſurprend la flamme ou que la pierre écraſe ,
Ceux à qui ſous les pieds le feu rompt les chemins
Et qui reſtent aux ais ſuſpendus par les mains ;
Qu'un autre ſur le ſeuil d'une porte enflammée
Tombe étouffé ſoudain par des flots de fumée ,
Que la mere tremblante , un enfant dans ſes bras ,
Un autre à ſon côté précipite ſes pas.
Fais deſcendre un vieillard par ce mur que l'on briſe ,
Et qu'un nouvel Enée emporte un autre Anchiſe.

Veux-tu peindre à côté de cet affreux tableau
Dans le même déſaſtre un ſpeĉtacle nouveau ?

H

Que le pâtre au matin vers ces vaſtes ruines
Apportant les tributs des campagnes voiſines,
Voyant encor les airs par la cendre obſcurcis
Immobile d'effroi reſte au pied du glacis ;
Peins les femmes en pleurs dans l'horreur abſorbées
Et de leurs bras tremblans les corbeilles tombées.

   Mais il eſt des objets, mais il eſt des tableaux
Sur qui la main ſtérile uſe en vain les pinceaux,
Change de route alors & qu'un beau ſtratagême
Remplace ſous tes doigts l'Art qui manque à lui-même.
Le Poëte doit peindre & le Peintre exprimer ;
S'il eſt quelques objets qu'il ne puiſſe animer,
Connois mieux la Peinture, elle a ſa réticence
Et tire ſon ſecours de ſa propre impuiſſance.

   Iphigénie en pleurs ſous le bandeau mortel
De feſtons couronnée avance vers l'autel ;
Tous les fronts ſont empreints de la douleur des ames,
Clytemneſtre ſe meurt dans les bras de ſes femmes,

Sa fille laiffe voir un défefpoir foumis ,

Uliffe eft confterné , Ménélas , tu frémis ,

Calchas même eft touché : mais le pere , le pere ! ...

D'atteindre à fa douleur l'Artifte défefpere ;

Il cherche , héfite , enfin le génie a parlé ;

Comment nous montre-t-il Agamemnon ? Voilé.

Viens admirer encor dans un nouveau fpeƐtacle

Les reffources de l'Art vainqueur d'un autre obftacle :

Condé dans ce beau lieu que Santeuil a chanté

Refpire en vingt tableaux favamment imité ;

De Lens & de Rocroi que les palmes font belles !

Que l'on aime à tracer ces tiges immortelles !

Mais quand du fang françois il a rougi fon bras

Forcé d'abandonner les courtines d'Arras,

Quand il laiffe en partant fur fa trace guerriere

Un fillon mêlangé d'ombres & de lumiere :

Il faut le peindre encor ce grand homme égaré.

O Condé ! par ton fils le Peintre eft infpiré :

Tes faftes dans les mains la Mufe de l'hiftoire

H ij

Déchire le feuillet qui terniroit ta gloire.

Ainſi l'Allégorie au beſoin ſervit l'Art,
Mais ſouvent un Artiſte imagine au hazard,
Et pour m'embarraſſer par une énigme vaine
Se perche avec le Sphinx ſur la roche Thébaine;
Mon œil impatient par la toile offuſqué
Laiſſe dans ſes brouillards le ſens mal indiqué :
Le ſens doit être clair quoiqu'il change d'organe,
L'Allégorie habite un palais diaphane :
Franchis par ſon ſecours des obſtacles nouveaux,
Donne par elle un corps à des êtres moraux,
Mais ſans t'envelopper trop ſouvent de ſon voile,
Je hais le Peintre froid embarraſſant la toile
Dont le génie étroir ſur l'emblême guindé
A ſans ceſſe ou ſa Nymphe ou ſon monſtre affidé :
C'eſt toujours ou lion, ou ſirene, ou furie,
C'eſt toujours l'abondance & ſa corne fleurie.

De trois fils diviſés l'orgueil envenimé

Fait rendre la couronne à leur pere allarmé ;

Sur la tête du Roi ſi le crayon la poſe

Tu n'offres à mes yeux ni le fait, ni la cauſe ;

Eh bien ! que la Diſcorde aux ſerpens pour cheveux

Ombrageant de ſon aile un trône malheureux,

De ſes livides mains place le diadême

Sur le front du Monarque aux yeux de ſes fils même.

Mais quand l'hiſtoire enſeigne & parle avec clarté,

Jamais mieux qu'elle alors tu n'auras inventé,

Et ta main l'imitant ſans paroître ſervile

Cueille encore avec gloire une palme facile.

Il eſt une ſtupide & lourde Déité ;

Le Tmolus autrefois fut par elle habité ;

L'Ignorance eſt ſon nom : la Pareſſe peſante

L'enfanta ſans douleur au bord d'une eau dormante :

Le Hazard l'accompagne & l'Erreur la conduit,

De faux pas en faux pas la Sottiſe la ſuit.

Ne laiſſe point guider par ſes mains téméraires

La main que la Peinture admet à ſes myſteres.

La Science toujours fut la bafe des Arts,

Ne vas point, jeune Eleve, en d'imprudens écarts

Brouiller les pas du Temps dans le champ de l'hiftoire,

Couvrir d'un baudrier les Soldats du Prétoire,

Teindre des mêmes eaux le fleuve & l'océan,

Marquer des mêmes feux l'éclair & le volcan,

Sur un fol étranger tranfportant les Driades,

Ombrager de forêts les plaines des Orcades,

Faire affeoir l'Iroquois au milieu des ormeaux,

Ou planter le palmier au bord de nos ruiffeaux.

Debout derriere toi le Ridicule veille,

Il perce de fes traits l'Artifte qui fommeille;

Quel que foit le laurier que le Peintre ait cueilli

L'erreur de fon crayon n'eft point mife en oubli,

Le tableau l'éternife & cette flétriffure

Eteint plus d'un rayon fur le front d'Albert-dure.

Ofe, c'eft-là ta gloire, & c'eft un de tes droits,

Mais des chemins nouveaux il eft un heureux choix;

Ofe, mais du vrai feul garde toujours la trace,

Guide toujours de l'œil les écarts de l'audace,

Ne vas point accoupler la panthere & l'agneau,

Mettre en un même nid l'aiglon fous l'étourneau,

Traveſtir fous les traits d'une grace mondaine

Madelaine en Laïs, ou Thereſe en Helene.

Loin de nous tout abſurde & téméraire objet;

Tu peins la vérité, reſpecte ton ſujet.

Du ſacré, du profane évite le mélange,

Ne renouvelle point l'erreur de Michel-Ange;

Il peint au dernier jour le Juge des mortels

Deſcendant pour fixer leurs deſtins éternels,

Les morts avec effroi ranimant leur pouſſiere,

L'inexprimable horreur de la nature entiere,

La terre tout-à-coup s'échappant de ſes gonds,

Le ſoleil de ſa ſphere & les mers de leurs fonds,

Et le Peintre a ſouillé ce tableau redoutable

Par les ſpectres impurs & l'enfer de la fable;

A ce bizarre aſpect la Raiſon s'indigna,

Et le voile baiſſé la Pudeur s'éloigna.

Ce n'eſt plus la raiſon ni le goût qui murmure,

Ce n’eſt plus la pudeur, j’entends de la nature

Et de l’humanité les lamentables voix ;

Pour peindre un Dieu mourant ſur le funeſte bois

Michel-Ange auroit pû !... Le crime & le génie !

Tais-toi, monſtre exécrable, abſurde calomnie ;

Quel chef-d’œuvre de l’Art eût jamais effacé

Une goute du ſang que le Peintre eût verſé ?

Que n’eût-on vû plutôt dans ce délire extrême

Sécher la main du Peintre & périr l’Art lui-même !

Habile à te tracer de ſublimes leçons

Jule pour les grands traits ſçut tailler ſes crayons,

Lorſqu’il ſuit Raphaël, Jule foible & timide

Se traîne obſcurément loin des pas de ſon guide,

Tant le génie eſt fait pour marcher ſans appui

Et chancelle toujours dans le ſillon d’autrui !

Mais à lui-même enfin quand Jule s’abandonne,

Poëte dans ſon art de quels traits il étonne !

Comme de ſon pinceau la verve & la fierté

Eclate avec ſplendeur dans le palais du T !

Comme

Comme il peint les Titans frappés par le tonnerre ,

Des monts qu'ils entaſſoient renverſés vers la terre ,

Les troncs d'arbre , les rocs échappés de leur main ,

Les courſiers du Soleil diſperſés & ſans frein !

La foudre tombe au loin , & le jour qui s'égare

Par la voûte rompue entre & luit au Tenare ,

Cybele avec effroi preſſe du haut des airs

Ses lions en écume à travers les éclairs ,

La mer s'enfle & bondit en montagnes humides ,

Les vagues ont briſé le char des Néréides ,

Et la terre ſanglante ébranlée en ſes flancs

S'affaiſſe ſous le poids des coloſſes fumans.

Eſt-ce une illuſion ? Quelle douce magie ,

Quel charme me tranſporte aux boſquets d'Idalie ,

Dans la troupe enfantine & des ris & des jeux ,

Aux autels de Vénus près des amans heureux !

La foule des Amours de tous côtés aſſiége

L'atelier de l'Albane & celui du Correge ;

Les uns pour les pinceaux taillent le myrthe en fleur ,

I

D'autres fur la palette étendent la couleur,

Celui-ci d'un genou qu'avec peine il avance

Veut dreffer à lui feul le chevalet immenfe,

Il fue, il fe dépite, il fouleve à moitié,

Par fon adreffe enfin la machine eft fur pié.

Celui-là pour tracer un portrait de fa mere

Du Peintre gravement conduit la main légere,

Plus il eft férieux, plus fon air eft charmant;

Cet autre plus badin va, vient étourdiment,

De fon léger flambeau tire des étincelles,

De crayons plus aigus fait des fleches nouvelles,

Touche, dérange tout par fes folâtres jeux,

Il a diftrait l'Artifte & l'ouvrage en eft mieux.

Que n'ont point fu tracer fur la pierre ou la toile

Ces Carraches de l'Art triple & brillante étoile,

Ce Paul né dans Vérone & que rien n'a diftrait

Du laurier qu'il difpute à ce fier Tintoret!

Rubens dont le génie énergique & fertile

Fut toujours fecondé par fa touche facile,

Le Peintre de Bruno qui vit de ſes foyers

Des Artiſtes Romains les chefs-d'œuvres altiers,

Et s'éleva lui-même aux prodiges du Tibre;

Holbein dont le crayon fut ſi mâle & ſi libre,

Ces deux Baſſans ſi vrais, cet heureux Vauwermans

Qui peignit des courſiers juſqu'aux henniſſemens,

Le Pouſſin qui toujours ſans éleve & ſans maître

De l'Art chez les François tient le ſceptre peut-être,

Ce brillant le Lorrain au pinceau ſi flatteur,

Rimbrant de la lumiere heureux diſtributeur,

Le Primatice épris des beautés de l'Antique,

Deſtructeur du faux goût & du crayon gothique,

Vendeik qui nous montrant le beau dans tout ſon jour

De la force à la grace a paſſé tour à tour,

Ce Vinci ſi correct, celui qui né dans Parme

Sur ſa toile élégante a ſemé tant de charme,

Ce Guide plus touchant, ce hardi Salvator,

Et le Dominiquain méditant ſon eſſor,

Qui laiſſa ſi long-tems ſes travaux ſous un voile,

Puis déploya ſoudain les tréſors de la toile;

I ij

Ainfi l'aigle caché dans les forêts d'Ida
Pour prendre un vol plus haut fouvent le retarda.

O puiffance de l'Art! véritables prodiges!
O le plus féduifant, le plus doux des preftiges!
Plus on a fu cacher les fecrets du pinceau,
Plus il produit l'erreur, plus fon triomphe eft beau.
Trompé par les raifins l'oifeau vole au treillage,
L'animal belliqueux hennit à fon image;
Et l'œil du connoiffeur & l'œil du villageois,
La fcience & l'inftinct font féduits à la fois.
Créateur des objets dont il eft le copifte
L'Art a trompé la brute, il va tromper l'Artifte :
Zeuxis, tu cours lever ce magique rideau,
Il ne cache que l'Art, ce voile eft le tableau.

Zirphé plus fraîche encor que la rofe nouvelle,
La charmante Zirphé, fille d'un autre Apelle,
D'un feul de fes regards attiroit tous les vœux,
On afpire à fa main; mais quel amant heureux,

Quel Peintre dans son Art sçaura vaincre le pere ?

C'est la loi qu'il impose & l'hymen se differe.

Un Eleve timide, hélas ! loin de l'espoir,

Des charmes de Zirphé sentoit tout le pouvoir,

L'adoroit en silence, & la belle ingénue

Sur lui comme au hazard laissoit tomber sa vue ;

En l'absence du Peintre il entre en son réduit,

Prend le pinceau, hazarde, il acheve & s'enfuit :

L'Artiste impatient que son zele rappelle

Revole à l'atelier, à la Vénus nouvelle,

Dont il arrondissoit les contours animés,

Jouissant des appas par lui-même formés ;

Mais un insecte ailé sur la gorge repose

Vers le point où les lys laissent fleurir la rose,

Le Peintre l'apperçoit & du bout de ses doigts

Du tableau qu'il effleure il le chasse deux fois....

Mais quelle illusion ! quelle surprise extrême !

La mouche est immobile, il le devient lui-même :

Bientôt l'étonnement a fait place au courroux,

L'Eleve alors tremblant paroît, tombe à genoux,

C'eſt moi... C'eſt toi! Quentends je? Il ſe tait, s'embarraſſe,

Admire, réfléchit, le releve & l'embraſſe;

Sois l'époux de ma fille. Ah! vous comblez mes vœux.

L'Amour rit, l'Art triomphe & trois cœurs ſont heureux.

Des yeux qu'il a ſéduits l'Art paſſe juſqu'à l'ame,

Des paſſions qu'il peint il y verſe la flamme,

Le courage, l'effroi, la haine, l'amitié,

Et l'indignation, la crainte & la pitié.

Combien le cœur ému s'ouvre à cet Art céleſte!

Juſqu'où va ſon pouvoir! tout en parle & l'atteſte;

La loi qui dans Athene interdit les pinceaux

Aux doigts qu'avoient durci les ſerviles travaux,

La toile hoſpitaliere au Temple de Carthage

Raſſurant les Troyens ſur un nouveau rivage,

Protogene en honneur & de ſon atelier

Sauvant Rhode lui ſeul des aſſauts du bélier,

Alexandre effrayé par l'image ſanglante

Du triſte Palamede immolé dans ſa tente,

Croyant revoir le ſang dont lui-même eſt ſouillé,

Dans son sein tout à coup le remords éveillé ;

Porcie à son époux s'arrachant en Romaine,

Et dans le même jour ne respirant qu'à peine

Au tableau des adieux d'Andromaque & d'Hector ;

L'image d'un soldat est plus puissante encor,

Elle arme un peuple entier victorieux d'avance ;

Pierre dans Pétersbourg, Médicis dans Florence

Appellent la Peinture & d'un de ses regards

Elle semble allumer le pur flambeau des Arts ;

Aux lieux qu'ils habitoient fait revivre leurs traces

Et ranime le Russe engourdi sous ses glaces.

Jeune Eleve, cours donc, cours saisir les pinceaux,

Vole, apprête à ton Art des triomphes nouveaux.

Un autre Art né du tien s'empresse à reproduire

En cent lieux différens le tableau qu'on admire ;

Par lui bravant le sort & ses coups imprévus

Tu vis où tu n'es pas, tu vis quand tu n'es plus,

La toile se consume & ton ouvrage dure :

Ainsi périt chaque être & jamais la nature.

A l'afpeết des talens couronnés avant toi

Redouble de courage, agis, cherche, conçoi :

Hé ! dans le champ des Arts quel prix, quelle victoire

A jamais épuifé les moiffons de la gloire ?

Elle tient des lauriers toujours prêts pour ton front,

Féconde le terrein, les palmes y croîtront.

Par les traits immortels qui les caractérifent

Voîs briller ces efprits que les cieux favorifent,

Ces célebres humains créateurs dans leur Art

Elevés fur la foule & comptés d'un regard,

Montrant par leur effor la diftance infinie

Des efforts du travail aux élans du génie,

Planant fur l'Univers les flambeaux dans les mains,

De la hauteur des cieux éclairant les humains.

Ofe les égaler en t'élevant fans guide,

L'Envieux pâlira devant ton vol rapide,

Alors on fentira fous tes brûlans pinceaux

Ton ame toute entiere éparfe en tes tableaux.

Surtout fi jufqu'ici la nature tracée

Te

Te laiſſe ſans ſecours à ta vaſte penſée,

S'il faut que ton pinceau plus hardi ſous ta main

Tienne de l'Infini dans un ouvrage humain,

Et peigne & vivifie une image immortelle

Dont tes débiles yeux n'ont pu voir de modele.

Quel nouveau Raphaël pourra montrer encor

Le Chriſt transfiguré ſur le haut du Tabor ?

L'air s'épure & blanchit ; d'une ſplendeur divine

Son corps, ſon vêtement tout à coup s'illumine,

Son viſage éblouit, l'éclair part de ſes yeux ;

Le Dieu tient en ſuſpens les Puiſſances des cieux.

Ses Diſciples tombés le front dans la pouſſiere

Reſtent comme aveuglés ſous ce poids de lumiere :

Le Peintre ſoutient ſeul ce céleſte appareil :

Une fois l'œil de l'homme a fixé le ſoleil.

Moi-même je le ſens, ma voix s'eſt renforcée,

Des eſprits plus ſubtils montent à ma penſée,

Mon ſang s'eſt enflammé plus rapide & plus pur,

Ou plutôt j'ai quitté ce vêtement obſcur,

Ce corps mortel & vil a revêtu des ailes,

Je plane, je m'éleve aux ſpheres éternelles,

Déja la terre au loin n'eſt plus qu'un point ſous moi:

Génie! oui d'un coup d'œil tu m'égales à toi;

Un foyer de lumiere éclaire l'étendue.

Artiſte, ſuis mon vol au-deſſus de la nue;

Un feu pur dans l'ether jailliſſant par éclats

Trace en ſillons de flamme, INVENTE, TU VIVRAS.

F I N

DU TROISIEME ET DERNIER CHANT.

NOTES.

CHANT PREMIER.

Page premiere, vers 7.

Toi qui près d'une lampe & dans un jour obſcur
Vis les traits d'un amant vaciller ſur le mur.

IL eſt dans la maniere des Poëtes de ramener l'invention des Arts à un fait particulier ; ainſi l'on a adopté dans le Poëme cette origine de la Peinture, d'autant plus que cette origine poëtique étoit encore naturelle, & ce fait particulier une indication générale. L'ombre qui deſſine les objets & imite leur configuration devoit donner l'idée du deſſin. Quand on cherche la ſource des Arts, il faut toujours examiner ce que la nature a offert univerſellement de plus propre à faire naître les idées d'imitation. Elle aime à ſe repréſenter elle-même par les reflets, par les jeux de lumiere & d'ombre qui retracent les corps: leur répétition plus parfaite & plus marquée dans les eaux a dû être ſurtout un des objets qui ont frappé les hommes ; à ces images naturelles ſe ſont joints les combinaiſons de l'eſprit, les hazards heureux, & la Peinture s'eſt perfectionnée.

K ij

Page 2 , vers 15.

Henreux pere! tu vis ce prodige nouveau.

Le pere de Dibutade étoit Potier de terre dans Sicyone, ville du Peloponnefe.

Page 3 , vers 3.

D'abord à la Peinture on ne pouvoit atteindre.

La Sculpture eft une copie plus matérielle, plus palpable de la nature , elle eft fufceptible de tous les points de vue, elle laiffe juger fes dimenfions, elle parle immédiatement aux fens; elle a dû précéder la Peinture & être le fonds de cet Art.

Raphaël jugeoit qu'il y avoit bien plus de vérité dans la Sculpture, parce qu'elle eft mefurable & qu'il femble que le toucher en puiffe décider autant que la vue; la Peinture l'a confultée pour acquérir l'illufion des reliefs, c'eft pour cela que les Éleves commencent toujours à travailler fur ce qu'on appelle *la Boffe*.

Mais d'après ces réflexions même, ne pourroit-on pas penfer que la Peinture eft plus furprenante d'avoir tenté l'imitation fans les moyens matériels de la Sculpture, qu'il a fallu plus de fagacité pour faire paroître un corps bombé fur une furface plate, & porter l'illufion jufqu'à nous dérober ce qui dément dans l'objet imité le rapport avec l'objet réel?

Le champ de la Peinture eft vafte , elle peint la terre, l'eau, l'air & le feu; la Sculpture bornée à l'élément de la terre, ne peut rien imiter dans les trois autres.

De même que la Peinture a exigé plus de combinaifons de la part de l'Artifte, il femble auffi que fes ouvrages ne puiffent être fentis que par des yeux déja exercés.

Dans la Peinture, c'eft l'efprit qui enfeigne aux yeux à voir; l'enfant peu frappé de cet Art, a befoin qu'on lui faffe diftinguer les objets fur un tableau, comme les rivieres fur une carte de Géographie; & fi lorfqu'il entre à la vie il lui faut une forte d'apprentiffage pour parvenir à voir même les objets naturels, combien lui faut-il plus d'étude pour s'inftruire à difcerner ceux qui ne font qu'artificiels!

Le méchanifme de l'habitude eft donc néceffaire pour jouir de la Peinture. Ainfi cet Aveugle à qui on avoit levé les cataractes & qui fut long-tems à apprendre à voir, n'appercevoit dans les tableaux qu'une confufion de couleurs; fi pour premier effai d'objets artificiels on lui eût préfenté des ftatues colorées ou drapées à la maniere qu'il connoiffoit déja dans les figures naturelles, fes fens euffent été fûrement plus acceffibles à ce genre d'imitation.

Page 4, vers 12.

Ecoute, jeune Eleve, il eft plus d'un pinceau.

S'il eft à craindre de fe méprendre fur fon talent, il ne l'eft pas moins de fe tromper fur le choix du genre; l'Albane étoit né pour les images douces, comme Jules Romain pour les tableaux de force; mais quelquefois on fe pique d'émulation pour un genre plus élevé, fans fonger que ce n'eft pas le genre, mais le talent qui fait le mérite de l'Artifte. Un Peintre qui aime véritablement la gloire & fon Art, cherche la perfection & ne facrifie point à une prétention vaine les fuccès qu'il peut efpérer dans un genre moins élevé auquel il eft propre.

Cependant quel que foit celui qu'il choififfe, il ne doit pas tellement s'y renfermer, qu'il néglige de s'inftruire dans certaines parties des autres genres fupérieurs ou inférieurs, auxquels le fien tient néceffairement par quelque côté ; il doit connoître cette maxime: *ce qu'on ignore nuit à ce que l'on fait.* Il y auroit de la pédanterie à fe circonfcrire, & ce n'eft jamais à la rigueur que l'on doit croire à la différence des genres. L'Artifte doit favoir s'élever ou defcendre pour fuffire lui feul à fes compofitions. Le Titien peignoit l'hiftoire & ne dédaignoit point le payfage, il s'appliquoit aux figures & ne négligeoit point les animaux ; il n'eut point laiffé faire à un autre les parties d'Architecture, il ne connoiffoit point ces exclufions & cette gêne qui ôtent l'enfemble du tableau, il ne dépendoit que de lui-même.

Page 5, vers 14.

Un fidele crayon m'attachant de plus près
Sous mes yeux étonnés a reproduit mes traits.

Le genre du portrait a eu moins d'eftime, parce qu'il eft borné communément à des intérêts particuliers : L'Artifte ne traitant point un fujet qui foit fous les yeux de tout le monde, & qui mette de même fon ouvrage en vue, a peu de motifs d'émulation. Ce genre a cependant un avantage général, un intérêt de tous les tems, celui de tranfmettre à la poftérité l'image des grands hommes; & d'après cette idée on voit même un encouragement plus puiffant pour le Peintre de portrait que pour les autres, en ce que peignant les hommes de fon tems, & les hommes ne pouvant être peints que par ceux qui les ont vus, l'Artifte eft fûr de refter modele.

En effet les fujets généraux & connus appartiennent aux Artiftes de tous les tems, ils font toujours au dernier qui les traite, s'il furpaffe fes prédéceffeurs : les Peintres de ces genres peuvent donc penfer qu'on répétera leur tableaux d'une maniere plus heureufe; car qui peut fe flatter d'avoir pofé la borne des Arts? Mais celui qui peint un illuftre contemporain ne laiffe point fon ouvrage à refaire : nul n'ofera toucher à cette imitation immédiate de l'objet, fon fujet n'eft qu'à lui : que de motifs pour perfectionner fon tableau! la certitude d'aller à l'immortalité avec celui dont il conferve les traits, la gloire de confacrer la mémoire de ceux qui font chers à l'humanité, l'avantage qu'il trouve pour fon Art même, d'avoir à peindre des hommes que l'activité de leur vie & l'énergie de leur caractere n'a gueres pu laiffer fans phyfionomie.

Page 9, vers premier.

Mais que dans le tableau la figure premiere
Frappe d'abord les yeux par fa vive lumiere.

L'Abane avoit peint le fite d'un tableau où le Guide devoit peindre une Ariane ; mais quand le Guide eut vû la beauté du fite, il fentit la difficulté de le furpaffer ; & trouvant le tableau fini, tout nu qu'il étoit, il refufa d'y ajouter la figure ; c'eft qu'il connoiffoit l'art de fubordonner, & qu'il prévoyoit qu'elle n'attireroit point les premieres attentions. Dans le payfage les figures doivent céder au fite, dans un fujet hiftorique le fite doit céder aux perfonnages.

Page 9, vers 12.

Ferrein * obferve auprès, la mort tient le flambeau.

* Ce célebre Anatomifte, également connu par fon profond favoir & fon noble défintéreffement, eft mort cette année : il a éclairé plufieurs parties de l'Anatomie.

Page 10, vers 11.
Il (le corps humain) fert aux Arts de bafe & de modele à l'homme.

Si c'eft à la néceffité qu'on doit les premieres inventions, c'eft à l'Anatomie qu'on doit le développement des idées dans la plupart des Arts méchaniques ; le corps humain étant la machine la plus admirable, celle où toutes les loix phyfiques s'accompliffent avec une perfection que l'homme n'atteindra jamais.

Le plus célebre de nos Méchaniciens n'a inventé que d'après l'étude de l'Anatomie, & il regarde cette fcience comme la fource de tout ce qu'on peut tenter dans les méchaniques.

Page 13, vers premier.

Qu'on diftingue le nu fous ces formes dociles.

Les Grecs laiffoient aifément diftinguer le nu, parce qu'ils peignoient leurs draperies mouillées, & qu'alors elles prenoient la forme des membres; mais cette maniere n'eft point naturelle: les plis font faits pour tomber & non pour s'entortiller autour du corps; d'ailleurs les draperies doivent être jettées fuivant l'action de la figure & le mouvement que l'air eft fuppofé leur donner.

Les principales dimenfions de la figure doivent paroître à travers les draperies: fi la pofition des membres ne permet pas de montrer leurs proportions, c'eft au pli à les indiquer: cette adreffe tient au deffin, & celui qui deffine mal ne fera jamais qu'une draperie embarraffée.

Page 13, vers 12.

L'induftrieux Dédale, honneur de la Sculpture,
Des liens du maillot dégagea la figure.

Pline dit qu'avant Dédale les ftatues étoient emmaillotées, & que ce fut lui & fes fucceffeurs qui les développerent; quoi qu'il en foit, Dédale ayant été le premier qui fe foit fait un nom dans la Sculpture, on a cru pouvoir dans un Poëme faire remonter à lui l'époque du pas qui fut fait dans fon Art.

Page 15, vers 17.

Rubens de qui la main colore avec éclat
Porte fur le deffin l'épaiffeur du climat.

En rendant toute la juftice due au génie de Rubens, on s'eft permis cette improbation de la maniere dont il a deſſiné ſes figures de femme qui ſont effectivement preſque toutes hommaſſes: plus un Artiſte a d'autorité, plus on doit marquer ſes défauts: jamais l'admiration aveugle n'a honoré perſonne; il n'eſt que trop de ces eſprits outrés dont l'enthouſiaſme eſt une fievre, qui louent, qui eſtiment tout dans un homme célebre: l'homme de ſens reſſemble au Chymiſte, il fait la ſéparation des ſubſtances, tire le métal & écarte la matiere terreſtre.

CHANT SECOND.

Page 30, vers premier.

La couleur ſous ſes doigts s'embellit & s'épure.

Il eſt aſſez extraordinaire que les Peintres de l'Italie où le climat eſt ſi beau ayent manqué de coloris, ſi l'on excepte l'Ecole Vénitienne, tandis que les Peintres Flamans nés ſous un ciel épais, ont en général mieux colorié. Il faut croire que les Artiſtes d'Italie accoutumés à peindre d'après les ſtatues antiques, ne ſe ſont appliqués qu'à rendre les belles proportions de la Sculpture ſans s'occuper de la couleur, ou qu'en étudiant des tableaux ternis par le tems, ils en ont copié le défaut qui n'étoit qu'accidentel; au lieu que les Peintres Flamans ont, pour ainſi dire, lutté contre leur propre ciel, & cherché par l'éclat de la couleur à ſurmonter le vice du climat. Peut-être auſſi doivent-ils le coloris de leurs tableaux, à l'avantage de voir

perpétuellement de belles couleurs fur le teint des Flamandes, &
que cette nature animée leur a fervi à embellir l'autre.

Page 41, vers 6.

Vole aux champs d'Aufonie, aux rochers Helvétiques,
Au bord de la Durance, aux climats Germaniques.

Si l'on propofe au Peintre de voyager en Allemagne, ce n'eft pas
pour la beauté du ciel, c'eft pour l'afpect des terres métalliques, les
montagnes ayant une couleur prononcée que n'ont point les monti-
cules qui nous environnent, la plupart remplis de craie & de plâtre,
& moins colorés même que nos plaines fabloneufes. La vue des terrains d'Allemagne eft fi puiffante fur les Artiftes, qu'il n'y a point
de mauvais Peintre Allemand dont les tableaux n'ayent du coloris.

La couleur frappe les hommes : montrez à un enfant ou à un villageois deux eftampes dont l'une fera enluminée, leurs yeux fe por-
tent fur celle-ci & ils la préferent à l'autre.

CHANT TROISIEME.

Page 45, vers premier.

Du fceau qui la diftingue empreins la paffion.

Léonard de Vinci faifant un tableau des douze Apôtres que les
Cordeliers lui avoient demandé, le garda long-tems fans l'achever,

84

ne fachant quelle expreffion donner à la tête de Judas, & ne croyant pas que pour le caractérifer il fuffife de le peindre une bourfe à la main.

Page 48, vers 11.

Leve-toi, l'on croira que ton Roi te pardonne.

Ce beau trait a été depuis peu exécuté en Sculpture, & l'ouvrage étoit à Lunéville quand le Roi de Dannemarck y paffant à fon retour dans fes Etats a été frappé du fujet. La Ville lui a offert ce morceau de Sculpture qu'il a accepté & fait tranfporter à Copenhague.

Voilà de ces fujets fur qui les Arts doivent s'épuifer pour en éternifer l'enthoufiafme : heureufe la nation qui les fournit & les ames qui en font touchées ! Le fentiment qu'ils infpirent n'eft point fans effet, on ne peut gueres admirer ces traits de magnanimité, fans qu'ils faffent naître en nous une douce émulation pour la vertu.

Page 49, vers 14.

Et toujours vingt bourreaux pour un Héros Chrétien.

La raifon & la pudeur font également d'accord pour écarter ces tableaux de cruauté qu'on voit dans plufieurs de nos Eglifes Si la conftance des Martyrs honore la Religion, ce fut un fi grand crime de donner lieu à cet héroïfme qu'il y a toujours du fcandale à préfenter dans leur hiftoire ces excès honteux à l'humanité & qui la déchirent.

Saint Auguftin a dit dans fes lettres, qu'il vaudroit mieux qu'il n'y eût point de miféricordieux & qu'il n'y eût point de mifere ; eh ! quel eft l'homme compatiffant qui n'aimât pas mieux ôter l'indigence que de la foulager? De même il vaudroit mieux qu'il n'y eût jamais eu de courages auffi fublimes, que d'avoir vu naître des ames auffi féroces pour les exercer.

Que ne peut-on retrancher de la mémoire des fiecles les tems de crime & de perfécution ! les Tyrans font comme ces êtres qui fortent des proportions ordinaires, comme ces monftres qui font cenfés ne point faire race, & dont on ne doit point perpétuer l'exiftence après qu'ils ne font plus. C'eft déja trop qu'ils vivent dans l'hiftoire, & que voulant conferver la mémoire des événemens, on ne puiffe laiffer entiérement refpirer les générations de l'horreur qu'infpirent les méchans à quelque diftance qu'ils foient ; ils ne doivent point reparoître avec toute leur fureur fur la toile, & n'y peuvent exciter que cette curiofité des ames dures pour le fpectacle des fupplices, & qu'il feroit trop odieux de fatisfaire dans les Temples, ou bien cette invincible horreur qui fait le tourment des ames fenfibles.

Enfin la repréfentation pittorefque de ces événemens eft fûrement horrible, en ce qu'elle met les bons & les méchans en fcene d'une maniere néceffairement plus marquée pour le crime que pour la vertu ; reproche qu'on ne peut faire à la repréfentation théâtrale, où le Poëte plus maître des mœurs, peut repouffer par la fucceffion des impreffions celles dont il veut ôter le danger, montrer les tyrans dans plus d'un moment & amener toutes les fuites de leurs forfaits ; mais il n'y a point de commentaire dans le tableau, il ne peint qu'un moment & c'eft celui du crime, & comme la Peinture eft faite

pour parler aux yeux, je vois bien plus les fureurs des bourreaux &
l'appareil des tortures, que je ne vois la patience & le courage des
victimes.

En fuppofant que ces tableaux puſſent fervir indirectement à en-
durcir les hommes à la douleur dans des occaſions moins terribles,
ce ne feroit pas moins un objet d'horreur que la lâcheté préfentée à
côté du courage; peut-être quelques ames ferventes ne voyent dans
le tableau d'un Martyr que fa conſtance, & leur pureté faura chercher le bien à travers le fcandale même; mais il n'eſt point dans la
difpoſition ordinaire des efprits de s'exciter au courage à la vue de
l'oppreſſion : l'innocence à la merci des méchans ne donne que de
l'indignation & de l'horreur. Montrez-moi le courage dans ces ac-
tions nobles & fermes, où le fpectacle de la vertu n'eſt point troublé
par celui des crimes ?

S'il eſt contre la morale de chercher à amollir les ames par des
images trop licencieufes, de peindre le délire des fens, leur aban-
donnement dans les plaifirs; doit-il être plus permis d'étaler des paffions exécrables, bien plus démenties par la nature? Eſt-il moins
fcandaleux de peindre l'acharnement de la tyrannie, que les extafes
de la volupté ?

Les femmes fur qui les impreſſions font plus vives, doivent-elles
être expofées à rencontrer dans nos Eglifes ces images atroces qui
donnent le fpectacle de l'indécence avec celui de la barbarie, &
bleſſent quelquefois l'imagination autant que l'humanité; fi ces tableaux n'ont point pour elles la forte de danger qu'on leur attribue,
s'ils ne font point la caufe des accidens qu'on en raconte, comme

nos plus habiles Phyſiciens le ſoutiennent avec raiſon; peut-on nier que beaucoup de femmes prévenues de cette opinion, ne puiſſent être véritablement troublées à la vue des objets défigurés qu'on leur préſente, & que l'inquiétude & l'agitation qu'elles en peuvent garder, ne ſoient un mal très-réel?

Les Peintres penſeront peut-être que pour l'intérêt de l'Art on ne doit point abandonner ce genre de tableaux, parce que c'eſt le genre de la force, & que c'eſt-là qu'on voit à découvert les différentes contractions des muſcles; mais outre qu'il ſeroit contre le reſpect des Temples de vouloir fixer l'attention principale ſur l'Art & non ſur le ſujet repréſenté, les Peintres pour conſerver ces robuſtes Académies, n'ont-ils pas ces ſujets où la ſtature des perſonnages & les exercices vigoureux ſous leſquels on les repréſente, peuvent déployer le jeu des muſcles dans de fortes attitudes? Mais qu'on abandonne ces tableaux de ſupplice, ſur leſquels on regrette que le pinceau de le Brun & de Jouvenet ſe ſoient épuiſés; ou qu'on nous montre les ſouffrances dans ces hazards malheureux où l'homme n'a point de part au ſupplice de ſon ſemblable, comme dans le Milon de Crotone; s'il faut peindre des tortures, c'eſt aſſez de faire gémir la nature ſans affliger la vertu.

Ces réflexions paroîtront ſortir des bornes d'une note; mais j'ai été entraîné par le ſujet, & j'avoue que je n'ai pas été maître de m'arrêter.

Page 60, vers 9.

L'Allégorie habite un palais diaphane.

Les Peintres ont trop abuſé en général de l'Allégorie: ſi elle n'eft heureufe comme celle du tableau du Grand Condé dans la galerie de Chantilly , elle eft prefque toujours froide ou inintelligible ; & même lorfqu'elle eft claire, elle nuit au fujet fi elle ne le fert pas , elle fait perdre de la vérité aux tableaux où elle eft mêlée & par conféquent de l'intérêt ; j'aimerois mieux que le fujet fût tout entier allégorique. Les perfonnages fantaftiques détruifent les perfonnages réels.

Le principal mérite de la Peinture étant dans l'imitation, il fembleroit même qu'elle devroit être affujettie à ne préfenter que les objets vifibles ; toutes les fois qu'elle fe jette dans les figures chimériques, plus d'imitation, plus de modele, plus d'objet de comparaifon.

L'Allégorie n'eft guere la figure de la Peinture qui ne préfente qu'un moment, & doit faire faifir l'objet du premier coup d'œil ; fi elle appartient à la Poëfie, c'eft parce que cet Art comporte la fucceffion des images & qu'il explique lui-même fes tableaux. Rubens a beaucoup employé l'allégorie dans la galerie du Luxembourg ; mais fi vous exceptez l'apothéofe de Henri IV, c'eft bien moins dans toutes ces images fymboliques qu'on doit l'admirer, que dans l'expreffion qu'il a donnée aux véritables perfonnages, comme dans le tableau de la naiffance du fils de Marie de Médicis : c'eft un trait de génie que d'avoir fu montrer fur le vifage de la mere, la joie à travers la douleur.

Page 60, vers 18.

De trois fils divifés l'orgueil envenimé
Fait rendre la couronne à leur pere allarmé.

Ces trois Princes font Lothaire, Pepin & Louis, tous trois fils de
Louis le Débonnaire.

Page 61, vers 6.

Marquer des mêmes feux l'éclair & le volcan.

Le volcan tirant fa fubftance d'un fouffre terreftre & qui n'eft
point purgé des parties groffieres, fa flamme n'eft point celle de l'é-
clair dont le feu fubtil eft l'effet d'une matiere inflammable plus épu-
rée, qui ne cherche qu'à s'élever. En général, pour connoître la
couleur qu'on doit donner à la flamme, il faut examiner quel eft
fon aliment, elle varie autant que la nature des corps qu'elle confume.

Page 64, vers 4.

Michel-Ange auroit pû!... le crime & le génie.

On a fouvent répété que pour donner plus de vérité à un Crucifix,
Michel-Ange poignarda un modele mis en croix, comme fi un malheureux mourant dans les convulfions de la rage, pouvoit repréfenter un Dieu réfigné qui fe foumet à la mort. Comment ce délire fût-
il tombé dans la tête de Michel-Ange, de ce même Artifte qui tail-
lant un jour un bufte de Brutus, s'arrêta tout-à-coup & abandonna
l'ouvrage, en fongeant que ce Romain avoit été l'affaffin de Céfar.

M

Jamais le moment de l'enthoufiafme ne peut être celui du crime, & même je ne puis croire que le crime & le génie foient compatibles : qu'on n'objecte point qu'il y a eu des fcélérats qui avoient de grandes qualités, peut-être les paffions violentes qui les agitoient ont donné à leur efprit un reffort qu'il n'auroit pas eu fans elles, & ne voit-on pas que les paffions ont du génie même dans les hommes ordinaires ; mais cette énergie momentanée fuppofe un intérêt particulier & par conféquent fufceptible d'injuftice, au lieu que le génie proprement dit fans l'intérêt préfent d'aucune paffion perfonnelle, s'échauffe de lui-même, appelle à lui la nature, lui donne & en tire une vie nouvelle.

Le crime eft la dureté & la perfonnalité d'un être qui s'ifole, le génie naît de la fenfibilité d'un être qui fe communique ; l'un fuppofe un être heureux par l'enthoufiafme du beau, par le fentiment d'admiration qu'il infpire ; l'autre eft d'un être troublé & déja malheureux, agité par fon objet & n'en pouvant jouir même après le fuccès.

Ces différences originelles laiffent entre le crime & le génie une évidente incompatibilité, auffi impoffible à détruire que ces antipathies des corps que la Chymie ne peut rapprocher ; tel le mercure ce principe fi actif, capable de pénétrer les corps les plus folides, ne s'alliera jamais avec le fer.

Page 64, vers 11.

Jule pour les grands traits fut tailler fes crayons.

Jule Romain eft vraiment le Poëte de la Peinture. Voici comme l'Abbé de Marfy, dans fon Poëme, parle du combat des Géans par ce Peintre.

Cujus ut ad vivum fpecies, expreſſa ruinæ
Jucundi attonitas erroris imagine mentes
Afficeret magis , atq ; artem natura juvaret
Speluncam è rudibus fine lege , fine ordine faxis
Struxit , &c.

Pour rendre avec plus de vérité cette déroute des Géans, & pour faire fervir la nature à l'art il a bâti une caverne , &c.

A en juger par ces vers, il fembleroit que Jule Romain fe feroit réellement aſſocié à la nature pour jetter plus d'illufion dans cette image; cependant il n'a rien fait dans le pourtour des murs où ce combat eft peint, que ménager un enfoncement qui fert de cheminée.

Il feroit heureux de pouvoir s'aſſocier à la nature pour donner plus de preftige à l'imitation, mais il eft bien rare qu'on réuſſiſſe à côté d'elle, l'objet de comparaifon eft alors trop près; les Arts même qu'on a voulu réunir pour imiter la nature, n'ont fait ordinairement que s'entrenuire & s'éloigner d'elle : les bas reliefs de Sculpture unis à la Peinture dans un même corps d'ouvrage y laiſſent moins d'illufion; au moins faut-il tirer de l'Art qu'on met en œuvre toutes les ref-fources qu'il peut fournir , & favoir fe concerter quelquefois avec le local lorfqu'on ne peut le changer. C'eft ce qu'a exécuté un ha-bile Architecte dans la ville de Lyon. On demandoit qu'il conftrui-fît une chapelle de Saint Pierre ; mais le lieu étoit obfcur, & ne pouvoit recevoir le jour que de côté. L'Artifte y bâtir la prifon de

M ij

l'Apôtre & tourna ainſi à l'avantage du ſujet l'inconvénient du local. Comme la Sculpture & ſur-tout la Peinture choiſiſſent leur champ, elles ſont plus indépendantes de ces obſtacles; cependant il eſt poſſible que dans des décorations d'édifice, elles rencontrent des difficultés qui retarderoient leur eſſor, ſi elles ne s'accoutument pas à les ſurmonter & à maîtriſer le terrein. Cette facilité de travail, cet art de tirer parti du local peut être d'un grand uſage & donner du prix aux plus petites choſes.

Un Prince Romain ayant découvert dans un de ſes jardins une ſource qui ne fourniſſoit qu'une très-modique quantité d'eau, & déſirant de faire ſervir cette découverte à l'embelliſſement de ſa maiſon, s'adreſſa au Cavalier Bernini : celui-ci ayant examiné la ſource & la hauteur à laquelle elle pouvoit s'élever, imagina une ſtatue repréſentant une nymphe qui, au ſortir du bain, preſſe ſa chevelure & en exprime la petite quantité d'eau que donnoit la ſource.

Page 67, vers 18.

Et le Dominiquain méditant ſon eſſor.

C'eſt un uſage établi à Rome, de faire mettre en moſaïque dans l'Egliſe de Saint Pierre, tous les tableaux eſtimés. Le Dominiquain ayant peint la Communion de Saint Jérôme, déſira cette diſtinction, & fit expoſer ſon tableau dans cette Egliſe, pour être jugé par le public; mais ſoit ignorance, ſoit jalouſie, ſon ouvrage fut méconnu & relégué comme par mépris dans un lieu où il ſeroit peut-être encore ignoré ſans la franchiſe du Pouſſin. Ce Peintre apprend où eſt le tableau & demande à le copier: comme il travailloit, le Dominiquain entre pour obſerver l'impreſſion de ſon ouvrage ſur un Artiſte habile, ſe tient derriere lui, lie converſation & développe ſur l'Art la théorie la plus lumineuſe ; le Pouſſin étonné ſe retourne, le voit les yeux mouillés de larmes; le Dominiquain ſe nomme, le Pouſſin jette les pinceaux, ſe leve & lui baiſe la main avec tranſport; il ne ſe borne pas à cet hommage, il employe tout ſon crédit pour réhabiliter le tableau, qui a été copié en moſaïque dans l'Egliſe de Saint Pierre.

Ne point nuire aux talens, ne point groſſir le nombre des envieux, c'eſt aſſez pour un Artiſte ordinaire; mais des eſprits d'une autre trempe doivent ſe mettre à la tête des jugemens, vaincre l'injuſtice & faire révolution dans ceux qu'elle a trompés. Un Artiſte célebre qui n'auroit point réclamé contre le mépris qu'on auroit fait d'un vrai talent, ſeroit indigne de celui qu'il a reçu lui-même.

Page 71, vers 5.

L'image d'un ſoldat eſt plus puiſſante encor.

Effectivement il y eut un Peintre qui par la repréſentation d'un ſoldat échauffa les Athéniens & les fit marcher au combat avec une impétuoſité de courage qui leur valut la victoire; mais comme il ſentoit la difficulté de remuer un peuple raſſaſié de chefs d'œuvres en tout genre, il voulut s'aider encore de tout ce qui pouvoit contribuer à un grand effet: il demanda que ſon tableau fût jugé au milieu de la place publique, le laiſſa ſous un voile, & fit entendre une mufique guerriere qui, par fon impreffion, prépara les efprits à en re-cevoir une autre: quand ils lui parurent fuffifamment difpofés, il découvrit fon tableau. Les Athéniens tranfpotés crurent voir dans ce foldat un nouveau Tyrtée.

Page 72, vers premier.

A l'afpeƈt des talens couronnés avant toi
Redouble de courage, agis, cherche, conçoi.

Raphaël ayant vu un tableau de la Divinité, peint par Michel-Ange, fortit comme d'un profond fommeil, & conçut fon tableau d'Ifaïe.

Page 72, vers 7.

Par les traits immortels qui les caraƈtérifent
Vois briller ces efprits que les cieux favorifent.

Les moindres traits de la vie privée des grands Artiftes décelent encore l'ardeur de leur imagination. Donatello, fameux Sculpteur, donnant à une ftatue le dernier coup de maillet, lui cria, parle.

Fin des Notes.

APPROBATION.

J'ai lu par ordre de Monfeigneur le Chancelier, un Poëme intitulé, LA PEINTURE, & je crois qu'on peut en permettre l'impreffion. A Paris ce 9 Juillet 1769. MARIN.

De l'Imprimerie de QUILLAU, rue du Fouarre.